働く人を幸せにする援助職

国家資格

資格
取得後も
役立つ情報
満載！

キャリア
コンサルタント
になるには!?

一般社団法人
地域連携プラットフォーム
柴田郁夫 ●著

［第2版］

秀和システム

はじめに

●活躍の場が多いキャリアコンサルタント

　「キャリアコンサルタント」は、2017年（平成29年）の4月から国家資格となった、比較的あたらしい資格です。

　キャリアコンサルタントの人数は約7万人（2023年時点）ですが、これは決して多い数ではありません。日本の総人口を1億2千万人とすると、7万人は0.05％ですから、1,700人超に1人しかいないということになります。

　ですから、「一度もキャリアコンサルタントに会ったことがない」「いったいどこに行けばキャリアコンサルタントがいるのか」と思われる方も多いと思います。

　しかし、少し気をつけて周囲に目を向けると、キャリアコンサルタントが活躍している場所は、意外とたくさん見つけることができます。

　本書で詳しく述べますが、ハローワークや、自治体が設置している公的な就労支援機関をはじめとして、大学・短大や専門学校などのキャリアセンター（就職支援室）、一般企業の人事部や総務部のスタッフ、人材派遣業や紹介業など人材ビジネスのスタッフなどとして、キャリアコンサルタントは大いに活躍しています。

●とくに企業領域で多くの伸びしろ（活躍機会が増加）

　国はキャリアコンサルタントの活躍する領域を、①「ハローワークなどの需給調整分野」、②「大学などの教育分野」、③「企業分野」の3つに分けています。

　その中でも、とくにキャリアコンサルタントが活躍できる"伸びしろ"が大きく、また国として力を入れていきたいと考えているのが、③の企業分野です。

現在も、人事部や総務部に所属している方が、キャリアコンサルタントの資格を取ろうとしています。「すぐにやめてしまう従業員が多い」「メンタルヘルス面で悩んでいる」「ハラスメントをどうしたらいいか」など、企業が抱える問題に対応していくのがキャリアコンサルタントだからです。

　問題解決へ向けての動きは、社内でも可能ですし、社外のキャリアコンサルタントが関わることで、より良くできることもあります。後者は、フリーランス（個人事業者）のキャリアコンサルタントが活躍できる場面です。これらについては、本書でも詳しく述べています。

●本書の構成と役立たせ方

　第1章では、「キャリアコンサルタントという仕事」について概説します。キャリアコンサルタントの職業が、AI（人工知能）時代になっても無くなることのない、将来性の高い仕事であるといった話もします。

　第2章と第3章では、国家資格の取得について説明します。受験要件や、比較的取得しやすいと言われている国家資格の受験内容、合格に向けた効果的な学習法を紹介します。

　第4章では、資格取得後に活躍できる場として、どのようなものがあるかを紹介します。本書で一番ボリュームのある章ですが、キャリアコンサルタントはそれだけ幅広く仕事ができるということです。章の後半では、副業・兼業や独立・開業に向けた話をしています。そうした観点においても、キャリアコンサルタントの資格は役立つ可能性が大きいと言えます。

　第5章では、実際にどのような人が資格を取得して、どのように活躍しているのかを、具体例で紹介しました。マンガを用いて、ストーリーで表現しています。

第6章と第7章では、Q＆A形式で、キャリアコンサルタントを巡るいくつかの話題を取り上げます。キャリアコンサルタントに「向く人・向かない人」や、「キャリアコンサルタントへの最短の道」と称して養成講習の選び方や試験に受かるコツ、受験に向けた活動と合格後のことなどについて話をしていきます。

　本書は、現時点におけるキャリアコンサルタントをめぐる話題をすべて網羅しました。いろいろな角度から述べていますが、キャリアコンサルタントは、一言でいえば「働く事を通じて幸せになる人と、社会を創る仕事」です。

　一人でも多くの方に、キャリアコンサルティングの素養を身につけて頂き、またぜひとも国家資格も取得して頂きたいと思っています。
　それは確実に「あなたの周りの人たちを幸せにする」のはもちろん、「あなた自身の働くことを通じての幸せ」も引き寄せてくれるはずです。

　本書が、読者の方々のチャンスを広げ、未来を切り拓くガイドの一つとなることを祈念しています。

2024年6月
一般社団法人地域連携プラットフォーム
代表理事　柴田郁夫

Contents

はじめに 2

第1章 キャリアコンサルタントという仕事

1-1　キャリアコンサルタントは悩みを解消する専門職 8

1-2　仕事にまつわる悩みを抱えている人は周囲にたくさんいる 15

1-3　AI時代に必要とされる、人間にしかできない仕事 23

第2章 キャリアコンサルタントは取得しやすい国家資格

2-1　国家資格の概要 34

2-2　受験資格 ── 実務経験がなくても大丈夫 38

2-3　合格率 ── 初回受験で5〜6割が合格 45

第3章 資格試験の内容と効果的学習法

3-1　「学科」試験の内容 50

3-2　学科試験の効果的学習法 61

3-3　「実技（論述、面接）」試験の内容 68

3-4　論述試験、解答のコツと効果的学習法 74

3-5　面接試験の効果的学習法 88

第4章 多彩なキャリアコンサルタント活躍の場

4-1　公的機関 ── ハローワークはじめ多数ある就労支援施設 98

4-2　教育機関 ── キャリアセンター勤務には資格が必須 107

4-3　一般企業 ── 人事総務系で人気急上昇の国家資格 113

4-4 人材ビジネス —— 派遣業・紹介業のベーシックライセンス 121

4-5 その他の勤務先 —— 資格が生きる勤め口のいろいろ 128

4-6 個人事業者 —— 独立開業へのパスポート 152

4-7 副業・兼業、そして独立へ向けて —— 人生100年時代の"転ばぬ先の杖"
.... 161

第5章 資格取得者 (キャリアコンサルタント) の 具体的プロフィール

5-1 スーパーのパートからキャリアコンサルタントへ (43歳女性) 170

5-2 人事マンが学生の就職アドバイザーに (63歳男性) 176

5-3 研修講師の幅を広げ、漠とした不安から脱却 (50歳女性) 181

5-4 倉庫でのアルバイトから念願の人材系企業に就職 (27歳男性) 186

5-5 人事スタッフ&マネージャーとしての成長に (39歳女性) 191

5-6 副業・兼業から始め人生100年時代に備える (46歳男性) 196

第6章 キャリアコンサルタントに向く人、向かない人

6-1 年齢性別は関係ない資格 —— 生涯現役で一生働くための手形に 202

6-2 適性はあるのか？ —— なりたいという意思が何よりも大事 206

6-3 日常生活にも役立つ資格の勉強 —— 夫婦仲は確実に良くなる!?....... 216

第7章 キャリアコンサルタントへの最短の道

7-1 学校 (養成講習) の選び方 222

7-2 試験に向けての準備活動 227

7-3 合格する人、しない人 —— 何が合否を分けるのか..................... 238

7-4 合格後のパフォーマンス、ネットワーク、更新講習 241

キャリアコンサルタント
という仕事

　本章では、「キャリアコンサルタントとはどのような仕事なのか」についてお話しします。

　キャリアコンサルタントの仕事は、一言で言えば「働くこと（仕事）の悩みを解消する援助職」です。他の援助職（人を助ける仕事）との比較などを通して、その特徴がわかるように説明します。また、「どんな悩みの相談にのるのか」も具体的にイメージできるようにしています。仕事面だけでなく、人生全般の相談にも対応するという話です。さらに、キャリアコンサルタントという仕事は「人間にしかできない仕事」であり、「AI時代になっても残る仕事である」という話もしています。

第1章

1 キャリアコンサルタントは悩みを解消する専門職

専門的職能を有したスペシャリスト

「キャリアコンサルタント」という言葉を聞いたことがありますか？　キャリアコンサルタントは、プロ野球選手やパティシエ（菓子職人）などと同じく、専門的なスキルを身につけて仕事をしている**職業人（スペシャリスト）**の呼び名です。

キャリアコンサルタントは、「キャリア」と「コンサルタント」が合わさってできた言葉です。しかし、「キャリア」という言葉がそもそもいろいろな意味で使われているので、「キャリアコンサルタント」という言葉もイメージすることが難しいかもしれませんね。そこで、まずはキャリアについて少し説明させてください。

一般的に「**キャリア**」という言葉は、「それまでに行ってきた仕事」「**職歴・経歴**」といった意味で使われる場合が多いようです。しかし他にも、携帯電話会社が「キャリア」と呼ばれることもありますし、また中央官庁で働く国家公務員試験Ⅰ種合格者が「キャリア組」と呼ばれることもあります。

キャリアを英語で書くと、"carrier"と"career"の2つがあります。前者の"carrier"は「運ぶもの」という意味で、そこから運送業者、通信事業者、航空会社を指すようになりました。また、ウィルスなどの保菌者（菌を運び広める者）という意味にも使われます。キャリアバック（キャリーバック）も、運ぶカバンの意味ですね。

後者の"career"は、「専門的な知識や技術を必要とする職業」を指す言葉として定着してきました。専門性が高い仕事をバリバリこなす女性のことを（あまり使われなくなりましたが）「キャリアウーマン」と呼びます。こうした意味あいで使われる**キャリア（career）**は、「キャリアアップ／キャリアダウン」や「キャリアプラン」といった用語の中で使われています。

キャリアアップとは、新たな知識やスキルを身に付けるなどして、今までよりも、より良い仕事に就くことです。**キャリアプラン**とは、一般には自身の今後の職業人生をどのようにしていくかを計画することを指す言葉です。

この2つの単語"carrier"と"career"は、もともとの語源を辿ると、共にラテン語で四輪車を意味する"car"に行きつくのだそうです。

4つの輪がついた馬車をイメージするとわかりやすいと思いますが、職歴や経歴という意味でのキャリアの説明をする場合に、「**馬車の轍（道についた車輪の跡）**」を思い浮かべてくださいということもあります。「自分が今までに歩んできた道のりを、振り向いてちょうど馬車の轍を見るように返りみたのが**キャリア（職歴や経歴あるいは人生の歩みそのもの）**です」という説明です。

単に職歴だけにとどまらず、「**今までに歩んできた道程**」や「**人生の営みすべて**」といった意味まで含み込んでいるのがキャリアという言葉であるなら、それを扱い、今後のキャリアプラン作りなどにまで踏み込んでいく仕事（職能）がキャリアコンサルタントということになります。

キャリアコンサルタントは専門性の高い仕事と最初に述べましたが、**人の人生全般にまで関わる、なかなか奥が深い仕事**だとは思いませんか？

▼「キャリア」の語源や意味を探ると……

キャリアはもともと、
ラテン語で四輪車を意味する
"car"が語源。

馬車の車輪の跡を振り返って見る——
この轍（わだち）がキャリア。
職歴や経歴、人生の歩みそのもの。

職業だけでなく人生全般の相談にのる

キャリアが、馬車の轍のように、今までに通ってきた道や人生の軌跡のすべてを指しているのだとしたら、仕事（職業生活）は、そのうちの一部という見方もでてきます。

実際、私たちキャリアコンサルタントの仕事は、**仕事や職業のことだけに限定されるものでない**場合が多いのです。

例えば、「転職をしようか迷っている」ということで相談に見えた方がいるとします。その方のお話をしっかりとお聞きして、一緒に今後のキャリアプランを考えていくのが、私たちキャリアコンサルタントの仕事ですが、話は仕事のことだけに限定されるでしょうか。

お話の中に、家族のこと（配偶者や子供、また親などのこと）が出てくることはよくあることですし、お金のことを一つとってみても、単に仕事で得られる収入の話だけではなく、資産運用や今までの蓄財、また親からの遺産の話などが、複合的に絡まってきます。

より根本的には、その方の**人生についての価値観**も重要な要素となってきます。そもそも仕事を通じて何を大事だと思っているのかといったことです。**やりがい（働きがい）**と言われる方も多いですが、その「やりがい」とは、もっと探っていくと何でしょうか。そのようなことにまで踏み込んで行って初めて、その方も納得できる転職を巡っての意思決定ができることになります。

そうした人生の様々な側面の話を総合的に勘案して、その相談者の方は、転職をするかどうかについて何らかの決定をすることになります。「転職をしようか迷っている」ということで相談に来られたのですから、最終的にはその事について満足できる解答が得られることが「**問題の解決**」となりますが、その過程では、まさに人生そのものが面談内容となるのです。

「対人援助職」としてのキャリアコンサルタント

キャリアコンサルタントは、一般的な言い方をすれば**援助職**の一つということになります。

「援助職」あるいは「**対人援助職**」として代表的な職業は、医療・保健分野の医師や看護師、保健師などでしょう。教育分野では学校の先生がまさに対人援助職で

すし、保育・福祉分野では保育士、介護士などが対人援助職となります。

　こうした「○○分野」は既存の業界を指していますが、キャリアコンサルタントはとくに「○○分野」と呼べるような既存の特定業界に属している仕事ではありません。特定の業界に特化せずに、**働く人すべてを対象として**キャリアコンサルティングを行うのが、キャリアコンサルタントの仕事です。

　とはいえ、キャリアコンサルタントは、対人援助職であることに変わりはありません。他の援助職と比較しながら、その職能を考えてみましょう。

▼ 図表1：既存の代表的な「対人援助職」

<保育・福祉分野>
　保育士、介護士（ヘルパー）、手話通訳者、ソーシャルワーカーなど
<教育分野>
　教員、学童保育指導員、教育カウンセラーなど
<医療・保健分野>
　医師、看護師、助産師、保健師、理学療法士、作業療法士、マッサージ師、心理士（師）、
精神科医など

▼ 図表2：「対人援助職」の分類

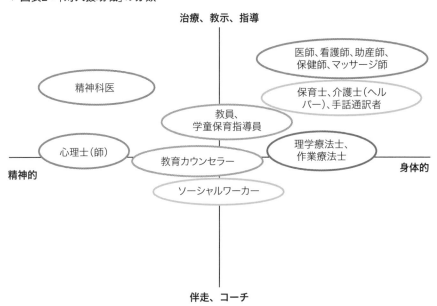

　「対人援助職」と一括りにしてしまいましたが、仕事の特徴は様々です。主として「身体的（外面的）なことを扱うのか」「精神的（内面的）なことを扱うのか」という軸でみても違いますし、またその援助の仕方が、主として「治療、教示、指導といったものなのか」「伴走、コーチといったものなのか」という軸でみても違いがあります。図表2におおまかに配置してみます。

　図でみると、右上の「身体的」かつ「治療、教示、指導」にあたる領域に多くの対人援助職が位置付けられることがわかります。

　では、キャリアコンサルタントの仕事はどこになるでしょうか。この図の中に位置づけるとすると、主として左下の部分になると考えられます（図表3）。

　キャリアコンサルタントの仕事は、ケガや病気を治したり、リハビリテーションを行うといった身体的な領域に関わる援助職ではありません。**精神的・心理的**な部分を扱う職能で、かつ何かを教えたり、また指導をしていくといったことが前面に出ることも、実は少ない仕事です。

▼ **図表3**：「対人援助職」の中でのキャリアコンサルタントの位置づけ

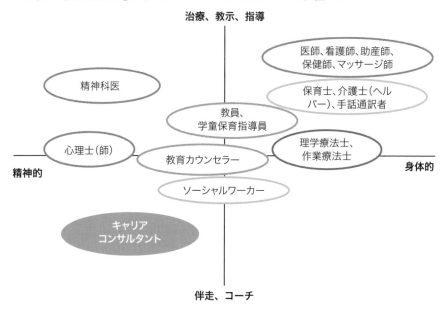

　「**伴走**」や「**コーチ**」という言葉に注目してください。いわゆる「上から目線」で、相談に来られた方と接するのではなく、**同じ目線**でその方と同じように悩んで、一

（縦書き左側）
1

キャリアコンサルタントという仕事

緒に考えていく。そして解決への道を共に歩む――。そうした仕事がキャリアコンサルタントの仕事だと思ってください。

少し意外に思われた方も多いでしょうか？　例えば「転職した方がいいかどうか」と悩みを抱えて相談に来た方に、もっとも適切な解答を示し、また「あなたに合ったこんな職業もありますよ」と情報提供をする――。そうしたイメージが強かったでしょうか。もちろんそのような場面もあるのですが、それは先ほど述べたように「伴走」して一緒に悩んだ後の話になります。

その辺のところをもう少しだけ、次にお話しさせてください。

相談者のニーズを知り「伴走して」人を助ける仕事

キャリアコンサルタントの学習をする中で、必ず名前が出てくる人物に**エドガー・シャイン**という理論家の先生がいます。

MIT（マサチューセッツ工科大学）という大学の教授を長く務め、**組織心理学**を専門に研究されてきた方で、『人を助けるとはどういうことか』（原著の題名は『HELPING』）という本を書かれています。その中で、支援には3つの方法があるとされます。

①情報やサービスを提供する専門家
②診断して、処方箋を出す医師
③公平な関係を築き、どんな支援が必要か明らかにするプロセス・コンサルタント

シャイン先生は、「③の支援の方法をベースとした支援を行うようにしないと、ひとりよがりの支援になってしまうことがあるし、支援される側から見ても、迷惑な支援になってしまうこともある」といった意味のことを述べています。

シャイン先生が本の中で語っている自身の例です。

ひどく衰弱していた友人から「イスから立ち上がらせてほしい」と頼まれて、片腕をつかんで引っ張り上げようとしたら、彼は痛みで叫び、片方の肩を痛めていたことを訴えたとのこと。もしも「どのような支援が必要なのか」を事前に明らかにするという**プロセス・コンサルタント**の役割を担っていたら、そうした望ましくない支援は行わないで済んだはずなのにという話です。

「**プロセス・コンサルタント**」という用語は、シャイン先生が作り出した独自の用語です。詳しい内容に興味を持たれた方は、シャイン先生の本に直接あたって頂きたいのですが、私は個人的に「キャリアコンサルタントは、まさにプロセス・コンサルタントでなければならない」と思っています。

支援する方と公平な関係を築いて、（**伴走**するような形で）その方のことをよくお聞きして理解し、**本当に望まれている支援をする**——。それが「プロセス・コンサルタント」であるとすれば、キャリアコンサルタントも「プロセス・コンサルタント」です。

キャリアコンサルタントにとって、①や②の専門家や医師の役割での支援が「悪い」というわけではないことも述べておくべきかもしれません。そのような役割も場面によっては必要なのですが、③がベースにあった上での①や②であった方が、より良い支援ができるということなのです。

「キャリアコンサルタントは、治療、教示、指導などをすることは少ない」と先に述べました。もちろん私たちキャリアコンサルタントは医師ではないので**治療**はしませんが、情報提供などの形での**教示**や、ある種の**指導や助言**を行うことはあります。

しかしそれらを行うにあたっても、シャイン先生が言うように、相手のニーズを明らかにした上で、**相手の立場に立った支援**を行っていく。キャリアコンサルタントの仕事とは、そのようなことを常に心がけている仕事だと思ってもらってよいでしょう。

本当に望まれている支援をする「プロセス・コンサルタント」としてのキャリアコンサルタント。

サイドバー（縦書き）：
1 キャリアコンサルタントという仕事

仕事にまつわる悩みを抱えている人は周囲にたくさんいる

「転職」の悩みなど支援を求めている人は多い

　周囲を見回してください。私たちのまわりには、**支援を望んでいる人**がたくさんいることに気づきます。

　例えば「転職について考え悩んでいる人」は、家族や親戚、友人の中に、最低でも一人はおられるのではないでしょうか。あるいは、そうした転職の悩みを、あなたは今までの人生の中で、1回以上は誰かから聞いたことがあるのではないでしょうか。

　悩む理由は様々です。

・上司との関係が良くない（時にはパワハラを受けている）
・周囲とコミュニケーションがうまくない（時にはいじめと感じることもある）
・いまの給料ではこれからやっていけるか不安
・この会社で何年後かの自分を想像した時、こうなりたいというモデルがいない（そうなったらイヤと思えるような先輩しか見当たらない）
・サービス残業がハンパじゃなくて、いわゆるブラック企業なのでは？
・まだ今ならキャリアアップを図れるのではないかと考えている
・独立した友人から一緒にやらないかと誘われたが迷っている

　上記以外にもまだまだたくさんの、それぞれの悩みがあるはずです。例えば、「**上司との関係**」一つをとってみてもその内実は様々です。

　「仕事に対しての考え方（価値観）がまったく違う」「いやがらせを受けていると感じる」などいろいろなパターンがあるし、また勤続年数や性別、お互いのそれまでの経歴、生まれ育ち、家族構成、経済事情……、そんなことまで細かく見ていけば、一括りにできる事例など世の中にはありません。

　そうした、その方にしかない、その方だけの個別の悩みに対して、相談に乗り、その方が自らの答えを見つけられるように支援するのが、私たちキャリアコンサルタントの仕事です。

▼ キャリアコンサルタントは人生の「伴走者」

働くことを巡る様々な悩みや不安にどう対応するのか

「転職」まではいかなくても、仕事（働くこと）を巡る悩みは、多くの方が抱えているのではないでしょうか。

- ・昇進したが、部下のマネジメントがうまくいかず悩んでいる
- ・○○職に異動になったが、うまくやっていけるだろうかと不安
- ・近々、副店長として店舗運営を担うことになるが、自信がない
- ・転勤で単身赴任になりそうだが、どうしたらいいか悩んでいる
- ・○○（例：介護職やプログラマー等）の仕事をこのまま続けていいかと不安
- ・今の仕事にはやりがいを感じることができずに困っている
- ・自分の「天職」を見つけたいが、どうしたらいいかわからない
- ・複数の企業から内定がでたが、どの企業を選べばいいか迷っている
- ・親の意見と合わずに悩んでいる
- ・就職活動をする気が起きずに困っている

働くことを巡る悩みは尽きません。昇進や異動になって悩んだり不安に感じたりする人は実際に多くいます。

現状をしっかりとお聞きした上で、具体的にどのようなスキルが不足しているか、あるいは気持ちの在り方がどうであったら悩みや不安が解消されるのかなどについて一緒に考え、解決策が出るようにしていきます。

例えば「自分にはマネジメントスキルが不足している」とご本人が気づいた場合、「ではどうしたらそのスキル不足を解消することができるのか」について、対応策まで見出せるようにしていきます。

中には「すでに十分にスキルや知識を持っているのに、**自信が持てないだけ**」という方もいます。自信が持てないという点について一緒に考えていくのですが、「今までの経験をどう捉えるか」といった点について、見方を変えることで心持ちが違ってくることもあります。経験を振返って深めることで、**自分はこんなことができる**」と気づきが生まれることもあります。

「自分が本当に好きなことって何なんだろう」と悩み、**自分探し**や**天職探し**をされている方には、幼い頃からの印象深い経験をお聞きして、**その方なりの物語**を一緒に作り出そうとしてみたり、時には**アセスメント**といわれる検査（興味の方向性

をさぐる検査など)をやって頂くこともあります。

　相談者の方自身が、ワクワクできる物語(人生ストーリー)をご自身で語り出すようになったときには、私たちキャリアコンサルタントも本当にうれしい気持ちになります。

　親と進路を巡って意見が対立している相談者の方に対して、一度親の立場に立ってもらい、親になりきって自身を前にして話をしてもらうという体験をしてもらったこともありました。それまでは、意見が違う親とただ対立する気持ちしかなかったのが、**親になりきって自分を見る**ことで、その後の親とのコミュニケーションは以前よりもスムーズになったとのことです。問題解決に向けての第一歩となりました。

　引きこもってしまっていたり、学生さんで「周りはみんな就職活動をしているのに自分はその気になれない」と相談に来る方もおられます。

　やる気になれない就職活動に対して、「なぜできないのか」と責めるように対応するのではなく、何か楽しいと思えることをイメージしてもらって、そのことに焦点を当てることで行動に移ってもらえるようにしたこともあります。

　キャリアコンサルティングのやり方は、キャリアコンサルタントによっても様々です。相談者の方の状況に応じて、私たちキャリアコンサルタントは様々な手法をその場その場で使い分けたり、**折衷的**に使ったりします。

　いずれにしても、相談に来た方の悩みや問題が解決するように「伴走する」ことが、キャリアコンサルタントの役割だと思ってください。

相談に来られたクライアントの方が、その方なりのワクワクできる物語を自身で語り出すようになったとき、私たちキャリアコンサルタントも、とてもうれしくなります。

1

キャリアコンサルタントという仕事

年齢・年代ごとの悩みや、階層別で発生する支援ニーズ

仕事の悩みはどの年齢層にもあるものですが、年齢や階層によって特有の悩みや不安があるでしょう。

<学生（新卒者）の社会に出る前の不安や悩み>
・自分にはいったい何が向いているのだろう
・何がやりたいのか、自分でもよくわからない
・どんな業界を選べばいいか、またどの企業に入ったらいいか

<新入社員の入社初期における不安や悩み>
・自分にこの仕事は向いていないのではないか
・サービス残業も多く、この会社でよかったのだろうか
・今後も、この会社でうまくやっていけるだろうか

<若手社員がリーダーになっていく過程での不安や悩み>
・初めてリーダーになるが、自分にその役が務まるだろうか
・どのように部下を指導したり、管理すればいいのだろう
・中間管理職として上司（経営層など）と部下との板挟みにはならないか

<中堅社員の中年期（人生の折り返し地点）における不安や悩み>
・現状のままで定年になるまでこの会社にいてもいいのか
・子供の教育費や住宅ローンとの絡みもあるがいつかは独立したい
・そろそろ先が見えてきたが、いま自分にできることは何だろう

<中高年層の退職が近づく時期における不安や悩み>
・早期退職制度があるが、どう考えたらいいのだろうか
・年金を計算してみたが人生100年時代をどう生きていったらいいだろうか

<退職者のセカンドキャリアについての不安や悩み>
・退職後の勤め先が決まらず、どう今後のプランを立てたらいいのか
・これからの人生を、何を生きがいとして生きて行ったらいいのだろう

私たちキャリアコンサルタントは、上記のような悩みに対して一対一で個別に相談に乗り、**不安の解消**や将来設計をご一緒します。

キャリアコンサルタントという仕事

1

　将来設計では、「**キャリアプランの策定**」だけでなく、より広い「**ライフプランの策定**」までご支援することも多いです。経済的な側面における、より細かなファイナンシャル・プランニング（例えば「どんな資産運用をするか」の具体的な情報提供や意思決定支援等）については、FP（ファイナンシャル・プランナー）の方におつなぎしたりすることもありますが、「どのような考え方で、何を大事だと思って**人生の計画**を立てますか」といったレベルの話については、私たちキャリアコンサルタントが支援し、その方が考えを整理できるように支援します。

子育てや介護、女性の職場復帰などでの支援ニーズ

　子育てと仕事に関しての悩みは、まだまだ数多く見られます。また、育児休暇後の職場への復帰を巡って起きる悩みなどもあります。
　男女雇用機会均等法の精神に則れば、子育てを巡る悩みが発生する場合には、本来は女性・男性の区別なく起きて然るべきなのですが、現在の日本では女性が悩みを抱える場合が多いのが現状です。
　一方、最近では老いた親の介護の問題を巡る悩みも多くなってきています。

＜主に子育てをめぐっての不安や悩み＞
・子育てをしながら仕事を続けていけるかどうか
・子育てに専念したいという気持ちもあるが、今のキャリアも捨てがたい
・育児休業の後には、どのような部署でどのような働き方となるのか
・復帰後に短時間勤務になったが、前部署と比べ働き甲斐が感じられない
・今後のキャリアプランについてモデルにできる先輩社員がいない
・夫が子育てに協力してくれない
・同居している親と子育てについての意見が合わずにいる
・夫が転勤になったが教育問題もあり転居するかどうかが問題

＜主に介護をめぐっての不安や悩み＞
・親の介護問題が気になり、転勤辞令を受けるかどうか悩んでいる
・郷里の親（の今後の老生活）が心配で、郷里に戻るかどうか迷っている
・遠隔地にいる老親の介護問題で困っている

▼ 様々な悩みや不安に対応するキャリアコンサルタント

様々な年齢、立場、性別の人が
いろいろな悩みや不安を
抱えている…

私たちキャリアコンサルタントは
様々な手法を
その方に合わせて使い分けたり
折衷して使ったりします

相談者の方が
何らかの「気づき」を
得て頂けたらいいな、と
キャリアコンサルタントは
思っているのです

例えば
「あなたにとって
何が大事ですか？」
といった問いかけは

普段の日常生活のなかでは
あまり尋ねられることのない
質問かもしれません

あえて、そうした質問もして
自身の価値観などについて
相談者の方に見つめて頂ける
ようにするのも

私たちキャリアコンサルタントの
役割なのです

1

キャリアコンサルタントという仕事

こうした問題に対しては、まさに相談者の方の生活全般や、また「何を大事だと考えているか」といった価値観がとても重要な要素となってきます。面談の流れの中では「あなたにとっては、**何が一番大切**なことですか？」といった質問も、させて頂く場合もあります。

そうした問い掛けが発せられることによって、相談者の方が、何らかの「**気づき**」を得て頂けたらいいなと、私たちキャリアコンサルタントは思っているのです。「あなたにとって何が大事ですか」といった問い掛けは、普段の日常生活の中ではあまり尋ねられることのない質問かもしれません。あえてそうした質問もして、自身の**価値観**などについて相談者の方に見つめて頂けるようにするのも、私たちキャリアコンサルタントの役割なのです。

1

キャリアコンサルタントという仕事

キャリアコンサルタントは働く人すべてを対象とした「対人援助職」です。いろいろな立場、状況の方々の悩みに対応します。

3 AI時代に必要とされる、人間にしかできない仕事

あと10〜20年でなくなる仕事はどんなものか？

「AI（人工知能）が発達して、なくなるような仕事には就かない方がいいですよね？」とか、「これから生き残っていく仕事にはどんなものがあるのですか？」といった質問をよく受けます。

確かに、私たちキャリアコンサルタントは、職業の相談にのる場合が多いのですから、このような質問を受けることもあります。

まず、本当になくなってしまう仕事はあるのでしょうか。その点について考えてみましょう。

こうした話題が出ると、よく引き合いに出されるのが、英国オックスフォード大学のマイケル・オズボーン准教授とカール・ベネディクト・フレイ博士が、2013年に発表した「米国において10〜20年内に労働人口の47％が機械に代替可能である」という試算です。

日本においても、野村総合研究所が、そのオズボーン准教授とフレイ博士との共同研究から、「日本の労働人口の約49％が就いている職業において、機械に代替可能」との試算結果を2015年12月に発表しています。

そこでは、601種の職業ごとに代替確率が試算されているのですが、その結果から機械（コンピューター技術）によって「代替可能性の高い100の職業」と「代替可能性の低い100の職業」が発表されています。

この発表は週刊誌などでも取り上げられたので、目にされた方も多いのではないかと思います。2018年6月の「女性セブン」誌は、さらに100職種を50職種に絞り、機械（コンピューター技術）に置き換わってしまう確率を数値化して、**「10〜20年後に残らない仕事50」**（及び**「残る仕事50」**）を発表しました。

代替可能確率（％）が高い仕事、つまり、なくなる可能性の高い仕事に順位が付いています。その順位で30位までのものを図表4に整理してみました。

▼ 図表4：代替可能性の高い（なくなる）職業1 〜 30位

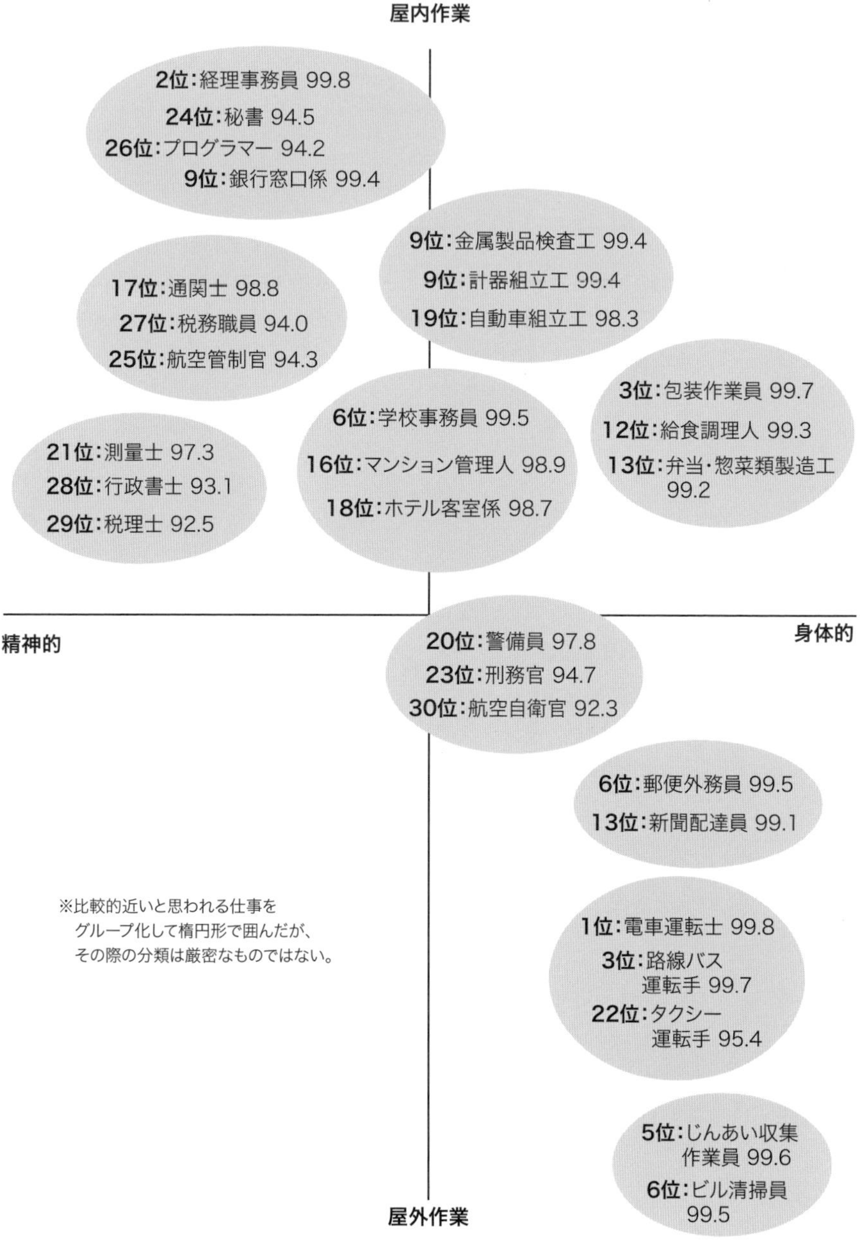

屋内作業

- 2位：経理事務員 99.8
- 24位：秘書 94.5
- 26位：プログラマー 94.2
- 9位：銀行窓口係 99.4

- 9位：金属製品検査工 99.4
- 9位：計器組立工 99.4
- 19位：自動車組立工 98.3

- 17位：通関士 98.8
- 27位：税務職員 94.0
- 25位：航空管制官 94.3

- 3位：包装作業員 99.7
- 12位：給食調理人 99.3
- 13位：弁当・惣菜類製造工 99.2

- 6位：学校事務員 99.5
- 16位：マンション管理人 98.9
- 18位：ホテル客室係 98.7

- 21位：測量士 97.3
- 28位：行政書士 93.1
- 29位：税理士 92.5

精神的　　　　　　　　　　　　　　　　　身体的

- 20位：警備員 97.8
- 23位：刑務官 94.7
- 30位：航空自衛官 92.3

- 6位：郵便外務員 99.5
- 13位：新聞配達員 99.1

- 1位：電車運転士 99.8
- 3位：路線バス運転手 99.7
- 22位：タクシー運転手 95.4

※比較的近いと思われる仕事を
　グループ化して楕円形で囲んだが、
　その際の分類は厳密なものではない。

- 5位：じんあい収集作業員 99.6
- 6位：ビル清掃員 99.5

屋外作業

　図では、2つの軸を設けました。縦軸は、屋内作業が多い仕事か、そうでない仕事かという軸。横軸は、主に体を使う仕事（身体的）か、そうでないか（精神的）という軸です。

　なくなる可能性が高い仕事で、順位がもっとも高い仕事は、電車運転士（1位）です。それに比較的近いと思われる仕事は、図では右下の象限に集まっています。電車運転士をはじめ、路線バス運転手（3位）、また、じんあい収集作業員（5位）やビル清掃員（6位）などは、主に体を使う仕事で屋外作業が多い職業として分類されるでしょう。他にも、郵便外務員（6位）や新聞配達員（13位）が挙げられます。
　これらの仕事は代替可能性が99％以上という数字となっています。ほとんど機械に置き換えられてしまうという予想がなされているのです。

　室内作業であっても包装作業員（3位）のように、なくなる可能性のとても高いものもあります。以上に出てきた仕事に共通する要素は、「**決まった作業の繰り返し**」が主であるということになりそうです。
　計器組立工（9位）や給食調理人（12位）、弁当・惣菜類製造工（13位）、自動車組立工（19位）なども「決まった作業の繰り返し」が主となる仕事で、精神的な作業というよりは体を使う身体的な作業の多い仕事と言えます。

　一方、体をあまり使わない仕事（精神的な仕事）でも、なくなる職種にランクインされている仕事はあります。図の左側にプロットされる仕事です。
　経理事務員（2位）や**銀行窓口係**（9位）などがその典型です。**秘書**（24位）や**プログラマー**（26位）も30位までに入っています。こうした仕事は、体はあまり使わない仕事ではありますが、「決まった作業の繰り返し」が多いという観点から見ると、今までに見てきた仕事と共通してきます。

　少し意外に思えるのは、**測量士**（21位）や**行政書士**（28位）、**税理士**（29位）などです。難関といわれている国家資格を取得した、いわゆる「士業」であり、コンピューター技術によって本当に置き換えられてしまうのだろうかと思いますが、試算では90％以上の確率で代替可能（なくなる）とされています。

　図にはプロットしていませんが、50位まで見ると、その中には他の士業も顔を出しています。例えば、**公認会計士**（37位、代替可能率85.9％）や**不動産鑑定士**（38位、同84.0％）、**社会保険労務士**（43位、同79.7％）、**司法書士**（45位、同78.0％）です。個人的には、こうした士業の仕事が本当にコンピューターに置き換わってし

まうのだろうかと疑問に思います。私の友人にも士業の方は何人もいるのですが、皆さんそれぞれの独自性を追求して、コンピューターに置き換えられない仕事は何かを追求されようとしています。

例えば、社労士（社会保険労務士）であれば、その代替可能性は約8割なのですから、残りの2割はコンピューターに置き換えることができない領域です。そこに活路を見出し、コンピューターにはできない人間らしさを追求していこうということになるのでしょうか。

「なくなる」と予想されている仕事に共通する要素は、業務内容の「**定型化**」が可能という点でまとめることができそうです。

名前が挙がっている士業にしても、例えば行政書士（28位、代替可能率93.1％）であれば、複雑な行政上の手続きを代行して行う業務は、それ自体たいへん煩雑な業務ではありますが、決まった手順に従って行うという点で定型化が可能であるというものです。

「定型化がどれくらい可能なのか」という数値が、代替可能性の確率の高さにほぼつながっているとも言えるようです。

なくならない仕事の第一はセラピストやカウンセラー

キャリアコンサルタントが行うキャリアコンサルティングという業務は、定型化できない、あるいは定型化が極めて難しい業務だと思います。その意味では、キャリアコンサルティングは「なくならない」仕事と言えるでしょう。

それを、先に見た「代替可能性の低い職業」の試算から検証してみたいと思います。

図表4と同じように、今度は「代替可能性の低い（なくならない）職業」を、上位30位までプロッティングしてみました（図表5）。「**なくならない職業**」なのですから、これから**有望な仕事**と言えるでしょう。

1位は代替可能率0.1％の**精神科医**と**言語聴覚士**です。精神科医という仕事は、精神科の先生（医師）ということで、おおよそイメージできる方も多いと思います。現在ですと、精神科ではなく「心療内科」や「メンタルヘルス科」と呼ばれたり、病院自体も「心療クリニック」や「メンタルクリニック」と呼称していることも多いようです。

▼ 図表5：代替可能性の低い（なくならない）職業1〜30位

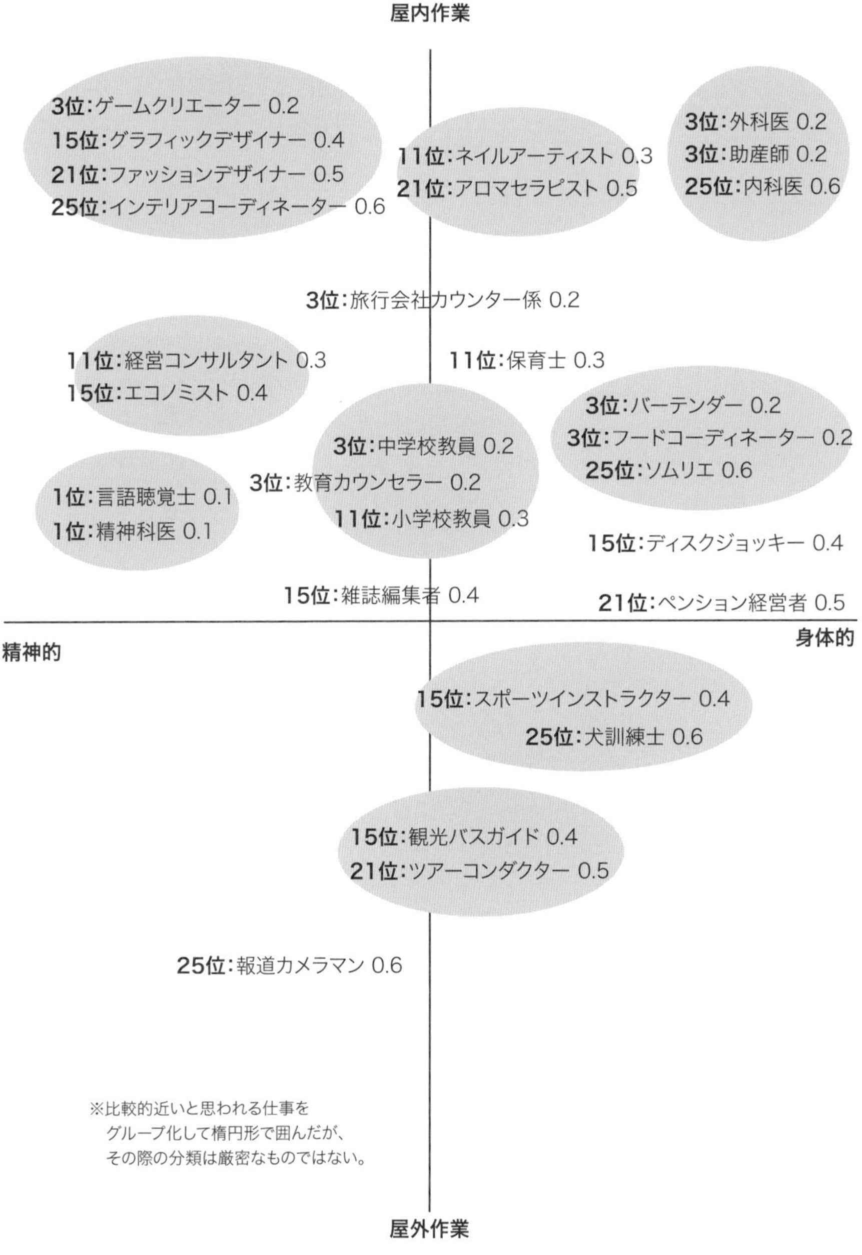

屋内作業

3位：ゲームクリエーター 0.2
15位：グラフィックデザイナー 0.4
21位：ファッションデザイナー 0.5
25位：インテリアコーディネーター 0.6

11位：ネイルアーティスト 0.3
21位：アロマセラピスト 0.5

3位：外科医 0.2
3位：助産師 0.2
25位：内科医 0.6

3位：旅行会社カウンター係 0.2

11位：経営コンサルタント 0.3
15位：エコノミスト 0.4

11位：保育士 0.3

3位：バーテンダー 0.2
3位：フードコーディネーター 0.2
25位：ソムリエ 0.6

1位：言語聴覚士 0.1
1位：精神科医 0.1

3位：中学校教員 0.2
3位：教育カウンセラー 0.2
11位：小学校教員 0.3

15位：ディスクジョッキー 0.4

15位：雑誌編集者 0.4

21位：ペンション経営者 0.5

精神的

身体的

15位：スポーツインストラクター 0.4
25位：犬訓練士 0.6

15位：観光バスガイド 0.4
21位：ツアーコンダクター 0.5

25位：報道カメラマン 0.6

※比較的近いと思われる仕事を
　グループ化して楕円形で囲んだが、
　その際の分類は厳密なものではない。

屋外作業

キャリアコンサルタントという仕事

1

　一方、言語聴覚士は、聞いたことがないという方もいるかもしれませんが、英語で言うと"Speech-Language-Hearing-Therapist"（略してST）です。「話すこと」「書くこと」「聞くこと」についてのセラピストという意味です。言語能力や聴覚能力などを回復させるリハビリを行う仕事で、理学療法士や作業療法士と並んで、日本ではリハビリの国家資格となっています。

　2つの職業に共通するのは、ともに「**セラピスト**」と呼ばれるという点です。精神科医は心理療法（サイコセラピー）を行うことも多く、サイコセラピストと呼ばれることもあります。

　セラピストという仕事は、定型化ができない仕事といえます。身体的な不調や精神的・心理的な不調で悩んでいる人に対して、具体的な療法（セラピー）を行って回復を目指すのですが、不調の状態は人それぞれですから、それをしっかりと把握して、あくまでもその人に合わせて個別に対応していくことが求められます。その意味で、定型化とは程遠い仕事だといえます。

　キャリアコンサルタントも、相談に来られた個々の方に対して、あくまでも個別に対応する仕事です。

　キャリアコンサルタントは、相談者に対して表立って療法（セラピー）を行うといったことはないので「セラピスト」と呼ばれることはありませんが、心理療法についての勉強はして知識はもっていますし、その相談者の方のことを真剣に考える中で、セラピーの一部を取り入れたキャリアコンサルティングを行うこともあります。**セラピストに近い仕事として位置付けられるのが、キャリアコンサルタントの仕事**と言えるのです。

　なくならない仕事の中にキャリアコンサルタントという仕事がそのまま出てきているわけではないのですが、1位に挙がった職業との共通点が見出せる仕事といえます。

世の中にはなくなってしまう
仕事もある……

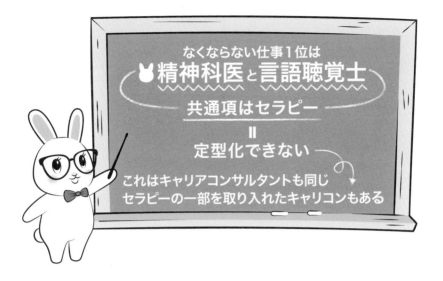

なくならない仕事の第3位には8種類の職種が並んでいますが、「教育カウンセラー」に注目してみます。

セラピー（療法）とカウンセリング、またそれを行うセラピスト（療法家）とカウンセラーを比べてみると、人の苦しみなどをより能動的に癒す職種がセラピストであり、一方、人の話をよく聴いて相談にのるというイメージが強い仕事が**カウンセラー**です。能動的なセラピーに対して、受動的なカウンセリングといった分け方も可能かもしれません。

しかしながら、この2つの職種は非常に近いものとして捉えられています。ともに人の悩みや苦しみを緩和させる職種だからです。

キャリアコンサルタントは、「**キャリアカウンセラー**」と呼ばれることもあります。相談に来た方の話をよく聴いて、その悩みや苦しみを一緒に解決しようとするのが主要な仕事だからです。

なくならない仕事3位の**旅行会社カウンター係**や**バーテンダー**にも、**人の話をよく聴く**といった要素は強くあるように思われます。

「セラピーやカウンセリングの要素は、AI時代になっても人工知能で置き換えることは難しい」と、オズボーン教授たちは想定したと思われます。

キャリアコンサルタントはAI時代にもなくならない仕事

　オズボーン教授は、「2030年に必要とされるスキル」といった発表もしています。120種類のスキルをランク付けした中での上位20位は、図表6のようなものでした。

▼図表6：2030年に必要とされるスキル

1	戦略的学習力	11	心理療法・カウンセリング
2	心理学	12	哲学・神学
3	指導力	13	伝達力
4	社会的洞察力	14	サービス志向
5	社会学・人類学	15	アクティブリスニング
6	教育学	16	高度な問題解決力
7	協調性	17	オーラルエクスプレッション
8	独創性	18	コミュニケーション学、メディア学
9	発想の豊かさ	19	滑舌
10	アクティブラーニング	20	判断力・意思決定力

　図表6の中で赤字で表したスキルは、キャリアコンサルタントとして必要なスキルとして、私が考えているものです。20のうち半分以上にあたる11のスキルをキャリアコンサルタントの必要スキルとしましたが、逆に言えば、その11のスキルがキャリアコンサルタントになることによって身に付くとも考えられます。

　例えば、15位にランクされている「**アクティブリスニング**」は、日本語では「**傾聴**」と訳されることも多いスキルですが、この傾聴力はキャリアコンサルタントにとっての必須のスキルとなります。11位の「**心理療法・カウンセリング**」も必須と言えるでしょう。心理療法（＝サイコセラピー）とカウンセリングは厳密には異なりますが、カウンセリングのスキルは私たちキャリアコンサルタントが必ず身に付けるべきものです。

　国家資格キャリアコンサルタントになるためには、「**心理学**」や「**社会学**」、また

（左側縦書き）

キャリアコンサルタントという仕事

「**教育学**」の一部や**コミュニケーション**について学びますし、「**協調性**」や「**伝達力**」「**オーラルエクスプレッション（口頭での表現力）**」「**サービス志向**」などを身に付けて、相談に来られた方に満足して頂けるだけの「**高度な問題解決**」を行うようになりますが、それは「**指導力**」と言い換えることもできます。

　また、研修講師として活躍しているキャリアコンサルタントも多いのですが、彼らは「**アクティブラーニング**」と呼べるワークショップ等を提供している場合が大半であり、研修業務を通じて「指導力」を発揮しているとも言えるでしょう。

　2030年に社会で必要とされるスキルの多くを身に付けることになるキャリアコンサルタントは、AI時代にも生き延びていける仕事、なくならない仕事と言えるのではないでしょうか。それは取りも直さず、コンピューターに置き換わることのない、人間にしかできない、極めて人間らしい仕事の一つと位置づけられると思われます。

1

キャリアコンサルタントという仕事

キャリアコンサルタント
は取得しやすい国家資格

　本章では、国家資格キャリアコンサルタントの試験概要について説明します。「どのような試験なのか？」「合格率は？」「試験を受けるための条件は？」などがわかります。

　国家試験は、実務経験が3年以上あれば受験できますが、実際には「キャリアコンサルタント養成講習」を受講することで受験資格を得ている人が大半です。合格率は、講習を受けた人の方が高くなっています。

　また本章の内容は、第3章以降で述べる「合格に向けた効果的な学習法」などの導入にもなっています。

国家資格の概要

新しい「名称独占資格」である国家資格キャリアコンサルタント

　国家資格キャリアコンサルタントは、法律に明記されて2016年（平成28年）4月から実施されるようになった、比較的新しい国家資格です。

　国家試験に合格し、資格者の名簿に登録をすることで、「キャリアコンサルタント」と名乗れるようになります。**名称独占資格**であり、国家資格を取得していないのに、名刺に記したり、キャリアコンサルタントと名乗ったりすると、30万円以下の罰金に処せられることとなっています。

　厚生労働省のホームページには、以下の記載があります。

▼ 図表7：「キャリアコンサルタント」名称独占について（厚生労働省のホームページより）

> 　職業能力開発促進法に規定されたキャリアコンサルタントでない方は、「キャリアコンサルタント」又はこれに紛らわしい名称（※1）（※2）を用いることができません。これに違反した者は、30万円以下の罰金に処せられます。

※1　紛らわしい名称としては、「キャリアコンサルタント」、「キャリアコンサルタント○○（キャリアコンサルタント専門士等）」、「キャリア○○コンサルタント（キャリア形成コンサルタント等）」、「○○キャリアコンサルタント（職業キャリアコンサルタント等）」、「○○キャリコン（標準キャリコン等）」、「キャリアコンサル」等があげられます。
※2　いわゆる標準レベルのキャリアコンサルタントであった方についても、キャリアコンサルタント名簿に登録しなければ、「キャリアコンサルタント」と名乗ることができませんのでご留意ください。

　厚生労働省ホームページの（※2）にある「いわゆる標準レベルのキャリアコンサルタント」とは、国家資格化される以前に、いくつかの民間団体が付与していた資格の取得者が「標準レベルのキャリアコンサルタント」と呼ばれていたことに由来しています。

　複数の民間団体が独自に行っていたキャリアコンサルタントの資格が、統一した基準のもとに**国家資格キャリアコンサルタント**となり、**職業能力開発促進法**という法律で規定されるようになったのです。

資格試験では学科と実技の双方の試験に合格することが必要

　国家試験は、**学科試験**と**実技試験**の2つに分かれています。両方の試験を一緒に、同じ受験の回で受けることもできますし、今回は「学科」だけ受けて、次回の受験日程で「実技」を受けるということもできます。「実技」を先に受け、次に「学科」を受けることも可能です。

　いずれにしても2つの試験の両方に合格することで、資格試験に合格したことになります。

▼ 図表8：学科試験の概要

```
＜設問形式と合格基準＞
　全50問の四肢択一（マークシート方式による解答）試験で、70%（35問）以上の
正答で合格。

＜出題範囲＞
　図表10が、国が示している「キャリアコンサルタントとしての習得項目」です。ほ
ぼこの枠組みに沿って50問の問題が構成されています。

＜試験日程と試験時間＞
　年に3回の試験があります。7月、11月、3月に実施されることが原則となって
いますが、事情により若干ずれることがあります。今までの試験は、日曜日に実施
されてきました。試験時間は100分です（集合時間10：10、試験時間10：30 〜
12：10）。

＜試験場所＞
　全国10か所前後の都市で実施されています。

＜受験料＞
　8,900円（税込）
```

※最新情報は、厚生労働省のページから、2つの試験実施機関のホームページに行くことで確認できます
　（厚生労働省「キャリアコンサルタントになりたい方へ」のページを参照）。

　実技試験は、「**論述試験**」と「**面接試験**」から構成されています。

　「論述試験」は、学科試験が行われる日に、学科試験終了後に実施されます。学科試験がほぼ午前中に終わり、その後2時間程度の時間をおいて、午後から「論述試験」となります。

　一緒の回で学科と実技を受験する人は、学科試験と論述試験の2つの試験を同じ日に受験することとなります。

　一方、「面接試験」は、日を変えて実施されます。土曜日や日曜日に試験日が設定されていますが、試験日や時間帯は試験機関によって割り振られます。

　「審査員2名の前でクライエント（相談者）と応対して、キャリアコンサルティングを15分間行う」という**ロールプレイ試験**と、その後に続けて行われる5分程度の**口頭試問**で構成されています。

　試験にあたっての審査基準は、国から委託を受けている2つの団体が以下のように示しています。

> ・キャリアコンサルティング協議会：「態度」「展開」「自己評価」
> ・日本キャリア開発協会：「主訴・問題の把握」「具体的展開」「傾聴」

▼ 図表9：実技試験（論述、面接）の概要

<論述試験>

　事例記録の一部を読み、数問程度の設問に対して文章を作成して解答する。解答用紙はA4一枚。

　試験日程は、学科試験と同じ日の午後に実施され、試験時間は50分（集合時間14：10、試験時間14：30 ～ 15：20）。

　実施場所は、学科試験と同じ場所で行われ、全国10か所前後の都市で実施。

<面接試験>

　試験形式は、受験者がキャリアコンサルタント役となり、キャリアコンサルティングを行う「ロールプレイ」（15分間）、その後、自らのキャリアコンサルティングについて試験官からの質問に答える「口頭試問」（5分間）。

　一人一人に対して実施される試験であり、全国5 ～ 10か所前後の都市で実施。

<合格基準>

　150点満点で90点以上の得点で合格。論述試験の満点の40％以上、かつ面接試験の評価区分のいずれにおいても満点の40％以上の得点が必要。

<受験料>

　29,900円（税込）

▼ 図表10：キャリアコンサルタントとしての習得項目

科目	範囲	講義	演習	合計
キャリアコンサルティングの社会的意義	一 社会及び経済の動向並びにキャリア形成支援の必要性の理解	2	0	2
	二 キャリアコンサルティングの役割の理解			
キャリアコンサルティングを行うために必要な知識	一 キャリアに関する理論	3	0	35
	二 カウンセリングに関する理論	3		
	三 職業能力の開発（リカレント教育を含む。）の知識	5		
	四 企業におけるキャリア形成支援の知識	5		
	五 労働市場の知識	2		
	六 労働政策及び労働関係法令並びに社会保障制度の知識	4		
	七 学校教育制度及びキャリア教育の知識	2		
	八 メンタルヘルスの知識	4		
	九 中高年齢期を展望するライフステージ及び発達課題の知識	4		
	十 人生の転機の知識	1		
	十一 個人の多様な特性の知識	2		
キャリアコンサルティングを行うために必要な技能	一 基本的な技能 　1 カウンセリングの技能 　2 グループアプローチの技能 　3 キャリアシート（法第15条の4第1項に規定する職務経歴等記録書を含む。）の作成指導及び活用の技能 　4 相談過程全体の進行の管理に関する技能	6	60	76
	二 相談過程において必要な技能 　1 相談場面の設定 　2 自己理解の支援 　3 仕事の理解の支援 　4 自己啓発の支援 　5 意思決定の支援 　6 方策の実行の支援 　7 新たな仕事への適応の支援 　8 相談過程の総括	10		
キャリアコンサルタントの倫理と行動	一 キャリア形成及びキャリアコンサルティングに関する教育並びに普及活動	2	10	27
	二 環境への働きかけの認識及び実践	3		
	三 ネットワークの認識及び実践 　1 ネットワークの重要性の認識及び形成 　2 専門機関への紹介及び専門家への照会	4		
	四 自己研鑽及びキャリアコンサルティングに関する指導を受ける必要性の認識	3		
	五 キャリアコンサルタントとしての倫理と姿勢	5		
その他	一 その他キャリアコンサルティングに関する科目			10
合計				150

※表の右に示してある時間数は、「キャリアコンサルタント養成講習」におけるカリキュラム時間数を表す。養成講習で学ぶ内容は、ほぼ試験項目と対応している。項目の中の下線部分は、2020年度から新たな内容に移行した際に追加等があった項目

2 受験資格
── 実務経験がなくても大丈夫

国家試験を受けるための要件

国家資格キャリアコンサルタントの受験資格を得るには、図表11のような条件を満たすことが必要です。

▼図表11：キャリアコンサルタント試験の受験資格（厚生労働省のホームページより）

> キャリアコンサルタント試験は、次のいずれかの要件を満たした方が受験できます。
> 1）厚生労働大臣が認定する講習の課程を修了した者
> 2）労働者の職業の選択、職業生活設計又は職業能力開発及び向上のいずれかに関する相談に関し3年以上の経験を有する者
> 3）技能検定キャリアコンサルティング職種の学科試験又は実技試験に合格した者
> 4）上記の項目と同等以上の能力を有する者

厚生労働大臣の認定講習の受講が最も簡易

図表11の1）～3）について説明します。まず、1）の「厚生労働大臣が認定する講習」については、現時点で（令和5年11月現在）、24団体の講習が認定を受けています（図表12参照）。これらの**講習を受講することによって、すぐに国家資格を取得するための受験に臨むことができる**ようになっています。

講習の内容は、図表10「キャリアコンサルタントとしての習得項目」で確認できます。表の右に記載された数字が国が示している講習時間数です。全体では150時間の講習が必要とされています。

各団体はこの表に則って、それぞれの講習体系を作っています。例えば、10日間の通学と、自宅で学習をする通信課程を併用している講習では、1日8時間×10日＝80時間の通学と、70時間の通信（自宅学習）の合計が150時間となっています。

　まったく実務経験がなくても、認定講習を受けて修了すれば、学歴や年齢・性別に関係なく、誰でも国家資格キャリアコンサルタントの受験資格が得られるというのですから、これはもっともわかりやすく、また簡易な受験資格取得法とも言えます。

　さらに、詳しくは後述しますが、大臣認定の講習を受けた人の**合格率**は、次に述べる実務経験3年以上という受験要件で受けた人よりも、**1.5倍**ほど高い数字となっています。

▼ 図表12：厚生労働大臣が認定する講習

講習名	実施機関	実施形態	料金（税込）	ホームページ
キャリアコンサルタント養成講習	(一社)地域連携プラットフォーム	通学80時間 通信70時間	297,000円 給付金対象外の方270,000円 ＊入学金・教材費込、特典・割引制度あり	https://careerjp.work/cc1/
キャリアコンサルタント養成講習	(公財)関西カウンセリングセンター	通学88時間 通信62時間	346,500円 ＊テキスト・資料代込	https://www.ksccc.or.jp/qualification/qualification_career/
キャリアコンサルタント養成講座	(公財)関西生産性本部	通学91時間 通信72時間	357,500円 ＊教材費込	https://www.kpcnet.or.jp/seminar/?mode=show&seq=2242
GCDF-Japanキャリアカウンセラートレーニングプログラム	(特非)キャリアカウンセリング協会	通学96時間 通信54時間	396,000円 ＊テキスト代込	https://www.career-npo.org/GCDF/
ICDSキャリアコンサルタント養成講座	(有)キャリアサポーター	通学102時間 通信68時間	297,000円 ＊テキスト・資料代込	https://career.icds.jp/lessons.html
キャリアコンサルタント養成講座	(株)テクノファ	通学105時間 通信67時間	268,000円 ＊テキスト・事前学習資料代込、割引制度あり	https://www.tfcc.jp/
キャリアコンサルタント養成講座(総合)	(株)日本マンパワー	通学96時間 通信90時間	396,000円 ＊割引制度あり	https://www.nipponmanpower.co.jp/cc/
CMCAキャリアコンサルタント養成講習	(特非)日本キャリア・マネージメント・カウンセラー協会	通学110時間 通信40時間	352,000円	https://cmcajapan.net/

2

キャリアコンサルタントは取得しやすい国家資格

2

キャリアコンサルタントは取得しやすい国家資格

講習名	実施機関	実施形態	料金（税込）	ホームページ
キャリアコンサルタント養成講習	（一社）日本産業カウンセラー協会	通学84時間 通信69時間	330,000円 ＊教材費込、割引制度あり	https://www.jaico.cc/
キャリアコンサルタント養成講座	（公財）日本生産性本部	通学92時間 通信87時間	422,400円 ＊割引制度あり	http://www.js-career.jp/
GCDF-Japanキャリアカウンセラートレーニングプログラム	パーソルテンプスタッフ（株）	通学96時間 通信54時間	396,000円 ＊テキスト代込	https://www.tempstaff.co.jp/staff/skillup/purpose/credential/course-02/
キャリアコンサルタント養成講座	（株）リカレント	通学150時間	437,800円 ＊教材費・入会金別	https://www.recurrent.co.jp/cc/
キャリアコンサルタント養成ライブ通信講座	（株）リカレント	通学75時間 通信75時間	360,800円 ＊教材費・入会金別	https://www.recurrent.co.jp/cc/
キャリアコンサルタント養成講座	（株）東京リーガルマインド	通学90時間 通信65時間	302,500円 ＊割引制度あり	https://www.lec-jp.com/caricon/
キャリアコンサルタント（通学・通信）養成講習	（学）大原学園	通学88時間 通信72時間	294,000円 ＊教材費・入会金別	https://www.o-hara.jp/course/career_consultant
キャリアコンサルタント養成講座	ヒューマンアカデミー（株）	通学80時間 通信78.5時間	355,300円 ＊教材費・入会金別、割引制度あり	https://haa.athuman.com/academy/career/
100年キャリア講座キャリアコンサルタント養成講習	（株）パソナ	通学76時間 通信74時間	385,000円 ＊入学金・テキスト代込	https://100-year-career.net/
トータルリレイションキャリアコンサルタント養成講習	（株）キャリアドライブ	通学91.5時間 通信58.5時間	330,000円 ＊入学金・教材費込	https://career-drive.education/
NCCPキャリアコンサルタント養成講習	（特非）日本カウンセリングカレッジ	通学88時間 通信65時間	308,000円 ＊教材費込、割引制度あり	http://www.nccp-cc.jp/
キャリアコンサルタント養成講習	（株）グローバルテクノ	通学90時間 通信68時間	308,000円 ＊入学金・教材費込	https://gtc.co.jp/semn/career/ccy.html
キャリアコンサルタント養成講習	（株）労働調査会	通学90時間 通信71時間	198,000円 ＊入学金・教材費込	https://career-chosakai.jp/

講習名	実施機関	実施形態	料金（税込）	ホームページ
キャリアコンサルタント養成講習	(株)東海道シグマ	通学96時間 通信68時間	285,300円 ＊割引制度あり	https://sigma-jp.co.jp/college/cc/
キャリアコンサルタント養成講習(オンライン)	(株)リバース	通学109時間 通信53時間	198,000円 （キャンペーン中）	https://caricon.co/yosei-ad/
キャリアコンサルタント養成講習(対面)	(株)リバース	通学105.5時間 通信53.5時間	198,000円	

※厚生労働省のホームページ（2023.11.1時点）と各講習ホームページから抜粋し転載

キャリアコンサルティング実務経験での受験も可

　図表11の2)は、実務経験のことです。3年以上のキャリアコンサルタントとしての実務経験があれば受験資格がある、ということになります。ここで言われている実務経験とは、「労働者の職業の選択、職業生活設計又は職業能力開発及び向上のいずれかに関する相談」と定義されています。その文言については、詳しく図表13のように記載されています。

▼ **図表13：「実務経験」の判断基準（厚生労働省のホームページより）**

　以下のいずれも適合するかどうかという考え方を基準に、個別に判断することになります。

a) キャリアコンサルティングによる支援対象者が、「労働者」であること。なお、ここでいう労働者とは、現在就業している方のみならず、現在仕事を探している求職者（ハローワーク等の職業紹介機関に求職の申込みを行っている方、学卒就職希望者等）を含みます。

b) 相談の内容・目的が職業の選択、職業生活設計又は職業能力開発及び向上に関するものであること。

c) キャリアコンサルティングが一対一で行われるもの、又はこれに準ずるもの（少人数（概ね6名以内）グループワークの運営等）であること（情報提供に止まるもの、授業・訓練の運営そのもの等は含みません）。

　上記のa)からc)までの3項目のすべてに当てはまらなければ、**実務経験**とは言えないということです。

　a)の「労働者」の中には、求職中の人や就職を希望している学生も含まれるので、例えば大学や高校、専門学校などのキャリアセンター（就職支援室）に勤務して学生の就職相談を行ってきたり、自治体等が開設している「就業支援センター」のような所で求職者の相談にのってきた経験も実務経験となります。

　b)では、相談の内容・目的は、「**職業の選択、職業生活設計又は職業能力開発及び向上に関するものであること**」とされています。例えば「部下と業務面談を定期的に行っていた」といった場合、それは該当しないということになります。業務面談は一般的には、業務の遂行状況や目標の達成などについて、上司と部下がコミュニケーションをして、人事評価と結びついた面談である場合が多いからです。

　しかしながら、近頃は「1on1ミーティング」などと呼ばれて、いわゆる人事評価と結びつかない面談が行われる場合もあります。それは「職業生活設計又は職業能力開発及び向上に関するもの」と判断される場合もあると考えられます。判断が微妙な場合には、実際に試験を行っている団体と個別に相談して頂く必要が出てきます。

　c)の記載からは、キャリアコンサルティングの基本は「**一対一**」で行われるものといった前提が読み取れますが、それに準ずる少人数（概ね6名以内）に対してのグループワークの運営等は「実務経験」に含まれるとの考えが示されています。

　一方、「情報提供に止まるもの、授業・訓練の運営そのもの等は含まない」との但し書きがあります。「講師として一方的に話を行いました」という経験は、実務経験にはならないということです。

上位資格に合格していれば受験可

　図表11の3)の「技能検定キャリアコンサルティング職種」とは、国家資格キャリアコンサルタントの上位資格と位置付けられている「キャリアコンサルティング技能士2級」と「キャリアコンサルティング技能士1級」のことを指します。

▼ 大臣認定の講習を終了することで受験する人が9割

国家資格は、誰でも受験できるんでしょ？

国家資格の受験資格について、説明します！

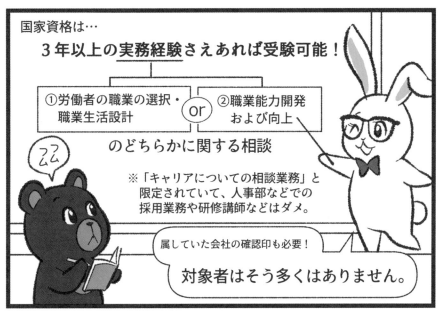

国家資格は…

３年以上の実務経験さえあれば受験可能！

①労働者の職業の選択・職業生活設計　or　②職業能力開発および向上

のどちらかに関する相談

※「キャリアについての相談業務」と限定されていて、人事部などでの採用業務や研修講師などはダメ。

属していた会社の確認印も必要！

対象者はそう多くはありません。

実務経験がない人のために…
厚生労働大臣の認定講習を修了
すれば、受験資格が得られます！

9割以上の人がこの形で受験。その方が合格率が高いんです。

なるほど！

　技能士というのは、厚生労働省が行っている技能検定であり、「国家検定」と呼ばれるものです。その中に「キャリアコンサルティング」というカテゴリーがあり、**キャリアコンサルティング技能士2級**は2008年（平成20年）から、また**技能士1級**の検定は2011年（平成23年）から始まっています。国家資格キャリアコンサルタントの受験が始まった年は2016年（平成28年）ですので、それよりも以前から国家検定は存在していました。そうした上位資格の、学科試験か実技試験のどちらかに合格していれば、国家資格の受験資格があると見なされます。

　なお、キャリアコンサルティング技能士2級の試験形式は、ほぼ国家資格キャリアコンサルタントと同様で、学科は50問中7割の正答で合格できる四肢択一問題です。実技試験が論述と面接試験の2つであることも同様ですが、面接試験のロールプレイは20分に延長されています。

　もしもキャリアコンサルティング技能士2級の学科試験に合格していれば、国家資格キャリアコンサルタントの学科試験は免除となり（有効期間は合格してから3年）、実技試験だけ受けて、合格すれば「国家資格キャリアコンサルタント」を名乗れるようになります。

　実務経験が5年以上ある場合は、国家資格キャリアコンサルタントは受験せずに、最初から上位資格である「キャリアコンサルティング技能士2級」に挑戦する人もいます。なぜならば、上位資格を取得していれば、キャリアコンサルタント名簿に登録する手続きを取るだけで、国家資格キャリアコンサルタントを名乗れるようになるからです。

　ただし、国家資格キャリアコンサルタントに比べて、技能士2級の**合格率は2分の1以下**となりますので、合格できる確率はかなり低くなります。

2

キャリアコンサルタントは取得しやすい国家資格

受験資格にはいろいろあるけれど、大臣認定の講習を受講するのが、一番わかりやすそうですね。

合格率
—— 初回受験で5 ～ 6割が合格

第2章

3

2つの試験実施団体で合格率に違いはない

第1回の国家試験から、直近の試験までの合格者数と合格率を、253ページの図表52に示しました。2つの試験実施機関ごとの集計となっています。「CC協議会」は特定非営利活動法人（NPO法人）キャリアコンサルティング協議会、「JCDA」は特定非営利活動法人（NPO法人）日本キャリア開発協会を指します。

令和5年7月と11月に実施された第23回と第24回の国家試験を例にとると、学科試験では第23回で80 ～ 85％、第24回で50 ～ 53％の合格率が2つの実施機関で出ています。実技試験ではCC協議会は63.3％と65.8％、JCDAでは62.5％と64.5％。共に60％台の合格率となっています。

回によって合格率には差がありますが、一つの回を見たときには、2つの団体の間での差異はそれほどありません。どちらの団体で受験した方が有利かといった質問を受けることがありますが、とくに**違いはない**と答えています。

学科試験については、同じ日に同じ問題で試験を行うのですから、2つの団体のどちらで受験してもまったく同じです。実技試験は、論述試験と面接試験に分かれていますが、論述試験については、2つの団体で出題の傾向が少し違っています。

その違いについては、次項で詳しく述べますが、受験者自身が2つの試験を見比べて、相性がいいと思う方を受けることになります。面接試験については、15分のロールプレイと5分の口頭試問という形式は2つの団体でまったく同じであり、公表されている採点項目に若干の違いはあるものの、**同じ試験と考えてよい**でしょう。

2

キャリアコンサルタントは取得しやすい国家資格

初回受験者の合格率は約55～60%

「国家資格キャリアコンサルタントの合格率はどのくらいですか？」と聞かれたときには、「おおよそ55～60%です」と答えています。第23回試験では、同時受験の人の合格率は、2団体ともまさに60%前後でした。

「合格率は？」と聞く人の心理は、初受験でどの位が合格するかが知りたいということでしょう。同時受験者の合格率が初回受験者の合格率とイコールではないことはもちろんです。初回受験で学科も実技も共に不合格だった人は、次の回も同時受験をする事が多いでしょうから、同時受験者イコール初回受験者ではありません。

しかし私の経験では、学科・実技の両方とも一緒に不合格という人は少ないという感触を持っています。どちらかは合格している人が多いのです。そう考えると、同時受験者の大半は初回受験者ということになります。細かい話ですが、おおまかに**初回受験時の合格率は55～60%**と言っていいのではないかと思っています。

この数字ですが、他の資格と比べてみると、どのような位置づけになるでしょうか。国家資格でもそれぞれに受験要件が違いますから一概には比較できないのですが、実務経験があれば受験できる「衛生管理者」の合格率は4～5割、IT分野での入門的な資格と言われている「ITパスポート」の合格率が5割程度、木造家屋等を設計できるようになる「二級建築士」や、FP技能士3級の次に受けられる「FP（ファイナンシャル・プランニング）技能士2級」の合格率が4～5割程度というあたりが、合格率が近い資格でしょうか。

「司法書士」や「社会保険労務士」「行政書士」といった合格率が数%から10数%程度の資格から比べれば、かなり**取得しやすい資格**であると言えるでしょう。

養成講習修了者の合格率は最終的には9割超に

初回受験者の合格率ということで話を進めて来ましたが、実はキャリアコンサルタント養成講習で学んだ人は、最終的には**かなりの割合で合格**しています。

初回で不合格だった人は、学科か実技のどちらかが不合格という人が多いように思いますが、次の回に落ちてしまった学科か実技のどちらかだけを受験し、合格して晴れて国家資格者となっているパターンが多いのです。

中には3度目、4度目と受験していくようになる人もいますが、感触としては、9割程度の人が合格しているように思われます。

養成講習を受講するには、現状では30万円程度の金額が必要（後述するように国の給付金制度が使える人の場合には最大7割の補助がありますが）であり、それだけの投資をしているのですから、もしも初回で合格できなかったとしても、何度か受験して国家資格を取得する人が多いとも考えられます。

統計があるわけではないのですが、残り1割の方は「受験をあきらめてしまった人」、あるいは「種々の理由から先延ばしにしている人」と想像できます。先延ばしにしている人は、いつかは受験することになるとしたら、最終的な合格率は9割をどんどん上回っていくようになると思われます。

私たちの団体でも、主に養成講習を受講された方向けに「**受験対策講座**」を開催しています。残念ながら初回では合格できなかった人も2割程度おられますが、受験対策講座に参加されている方では、大半の方が**2回目の受験では見事、国家資格者**となっています。

それぞれの講習機関が合格サポートの仕組みを提供していることもあり、**養成講習の修了者の最終合格率はかなり高くなっている**と思われます。

合格率は養成講習修了者が断然有利

図表14は、養成講習修了者と実務経験が3年以上ということで受験した受験者の合格率を比較したものです。学科試験および実技試験ともに、養成講習を修了している受験者の方が、実務経験だけで受験した人よりも**合格率が高く**なっています。

養成講習は、キャリアコンサルタントとしての基礎を学ぶ場ということで、とくに受験対策はしてはいけないこととなっているのですが、養成校によっては別途、受験対策の講座を設けたりもしているなど、それぞれに合格に向けての対応をしている場合が多くあります。そのため、養成校を修了して国家資格キャリアコンサルタントになっていくパターンが多いと言えます。

▼ 図表14：第24回キャリアコンサルタント試験合格者数

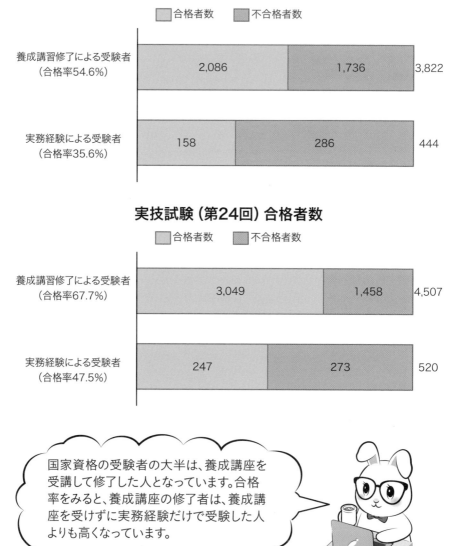

学科試験（第24回）合格者数

凡例：合格者数　不合格者数

養成講習修了による受験者（合格率54.6%）：2,086 | 1,736 | 3,822

実務経験による受験者（合格率35.6%）：158 | 286 | 444

実技試験（第24回）合格者数

凡例：合格者数　不合格者数

養成講習修了による受験者（合格率67.7%）：3,049 | 1,458 | 4,507

実務経験による受験者（合格率47.5%）：247 | 273 | 520

> 国家資格の受験者の大半は、養成講座を受講して修了した人となっています。合格率をみると、養成講座の修了者は、養成講座を受けずに実務経験だけで受験した人よりも高くなっています。

2　キャリアコンサルタントは取得しやすい国家資格

第3章

資格試験の内容と
効果的学習法

　本章では、国家試験の内容と、合格に向けた効果的な学習法について
述べています。どのような項目を学習するのかをご理解頂けるように
しました（より詳しい内容は、本書の姉妹編である試験対策本をご参照
ください）。

　実技試験の中の「論述」試験の解答法については、かなり詳しく書いて
いますので、煩雑だと思われる方は読み飛ばしてください。実際に試験
に臨むときに読み返して頂ければ、必ず役に立つと思います。

　「面談」試験の合格のためには、傾聴などに意識を向けて日常生活を送
ることで、スキルの向上を図ることができます。そうした効果的学習法
についても述べています。

1 「学科」試験の内容

学科試験は知識を問う出題が約半数

　学科試験の出題範囲として、第2章の図表10に国が示している「キャリアコンサルタントとしての習得項目」を掲載しましたが、その内容をもう少し詳しく解説します。

　現在、国は習得科目を大きく次の4つに分けています。そしてもちろん学科試験は、この中から出題されます。

> Ⅰ. キャリアコンサルティングの社会的意義（2時間、うち講義2時間）
> Ⅱ. キャリアコンサルティングを行うために必要な知識（35時間、うち講義35時間）
> Ⅲ. キャリアコンサルティングを行うために必要な技能（76時間、うち講義16時間）
> Ⅳ. キャリアコンサルタントの倫理と行動（27時間、うち講義17時間）

　「Ⅰ. キャリアコンサルティングの**社会的意義**」は、社会経済の動向も踏まえて、キャリアコンサルティングはなぜ必要かといった意義についての科目です。

　「Ⅱ. キャリアコンサルティングを行うために**必要な知識**」は、キャリアコンサルタントとして知っておかなければいけない知識についての科目です。その内容が11に細かく分かれており、幅広い分野をカバーしています。詳しくは後述します。

　「Ⅲ. キャリアコンサルティングを行うために**必要な技能**」は、キャリアコンサルティングを実施する際の技能を扱う科目です。学科の問題として出される場合には、「このようなときはどうしたらいいか」といった設問などになります。

　「Ⅳ. キャリアコンサルタントの**倫理と行動**」は、キャリアコンサルタントとしての態度や姿勢、また守秘義務等の行動規範についての科目です。

　各科目の末尾のカッコ内に記した数字は、学習に必要とされる時間数です。この数字を見ることで、キャリアコンサルティングの習得においては、どこに力点が置かれているかがわかります。

　もっとも時間数が大きい値となっているのは、「Ⅲ. キャリアコンサルティングを行うために必要な技能」で、76時間という数字は全体の半数以上を占めます。

しかし、その中で講義時間は16時間で、あとの60時間は演習に充てる時間として設定されています。

　学科試験を考えるに当たっては、講義に充てられている時間数を見ることが重要となってきます。そこから学科についての出題傾向を探ることができるからです。

　現在までの国家試験の学科の過去問を見てみると、おおよそ図表15のような出題数の割り振りとなります。

▼図表15：学科試験の過去問にみる出題数

科目	過去問にみる出題数 （科目別の割り振り）
Ⅰ. キャリアコンサルティングの社会的意義	1 〜 2問
Ⅱ. キャリアコンサルティングを行うために必要な知識	25 〜 27問
Ⅲ. キャリアコンサルティングを行うために必要な技能	17 〜 19問
Ⅳ. キャリアコンサルタントの倫理と行動	4 〜 5問

知識を問う問題では「理論」からの出題が多い

　「Ⅱ. キャリアコンサルティングを行うために必要な知識」が、全体50問の内のおよそ半数を占めます。この内訳については、過去問の分析から図表16のような問題数の割り振りが見てとれます。

▼図表16：「Ⅱ. キャリアコンサルティングを行うために必要な知識」の科目内訳

「Ⅱ. キャリアコンサルティングを行うために必要な知識」の科目内訳	過去問にみる 出題数
1. キャリアに関する理論	4 〜 6問
2. カウンセリングに関する理論	4 〜 6問
3. 職業能力の開発の知識	2 〜 3問
4. 企業におけるキャリア形成支援の知識	3 〜 4問
5. 労働市場の知識	2 〜 4問
6. 労働政策及び労働関係法令並びに社会保障制度の知識	3 〜 4問
7. 学校教育制度及びキャリア教育の知識	2問
8. メンタルヘルスの知識	2 〜 3問

3

資格試験の内容と効果的学習法

9. 中高年齢期を展望するライフステージ及び発達課題の知識	0 ～ 3問
10. 人生の転機の知識	0 ～ 2問
11. 個人の多様な特性の知識	2 ～ 4問

　現在、試験は年に3回、原則として3月、7月、11月に実施されることになっていますが、回によってどの分野が多く出るか、少なく出るかは変わります。

　大まかな傾向として言えるのは、「**1. キャリアに関する理論**」および「**2. カウンセリングに関する理論**」の2科目の出題率が、他の9科目よりも高くなっていることです。この2科目はともに「理論」と呼ばれるもので、「**1. キャリアに関する理論**」はキャリアコンサルティングの分野に特有の理論であり、「**2. カウンセリングに関する理論**」は心理学や社会学の理論も出てくるカウンセリングについての理論です。

　この2つの理論科目を合わせると、毎回9 ～ 11問が出題されています。仮に10問出題されたとすると、**学科試験全体の2割が理論の問題**ということになります。

理論問題では人名と理論の概略を押さえる

　理論の問題の一端を話しますと、理論を作った人とその理論の名称をしっかりと覚えることがまずは重要です。

　「2. カウンセリングに関する理論」でいえば、現在では主流となっている**ロジャーズ**(Rogers, C)の「**来談者中心療法**」、またそれ以前からの長い歴史を持つ**フロイト**(Freud, S)の「**精神分析療法**」、学習理論から出てきた「**認知行動療法**」などについて学びます。**パールズ**(Perls, F. S)の「**ゲシュタルト療法**」や、**バーン**(Beme, E)の「**交流分析**」といった技法もあります。**アイビィ**(Ivey, A. E.)という人は、それまでのカウンセリングの各種手法を三角形の表にまとめて折衷的な技法を開発し、「**マイクロカウンセリング技法**」と名付けました。

　それ以外にもいくつかの理論がありますが、人名と理論名、それに内容の概略を理解すれば、ここで述べた理論を知っているだけでも、この分野のおよそ半数の問題には対処できるようになります。

　キャリアコンサルティングに特有の「1. キャリアに関する理論」では、人の特性と職業の特性をマッチングさせる「**特性因子理論**」や、キャリアを人はどのように築き上げていくのかという発達プロセスに着目する「**職業発達理論**」、組織の中でのキャリアを考える「**組織キャリア理論**」などがあります。「転機」や「転職」につい

ての理論もありますが、いかにしたら**「いい転機」とできるか**といった実践的な理論でもあります。各理論にはそれぞれ代表的な理論家がおり、その人名と理論の内容を知ることで、この分野での点数が取れるようになります。

「理論問題は、人名などたくさん暗記する事柄が多く苦手だ」という人もいますが、自分に引き寄せて理論を身近なものとして捉えれば、興味が持て、またその奥深さにも目が開いてくるようになる分野です。

▼「カウンセリングに関する理論」で出題される代表的理論

3

資格試験の内容と効果的学習法

多岐にわたる知識問題の領域

理論以外の知識を問う問題の領域は、9つあります。以下に、それを「職業能力開発やキャリア形成支援」「労働市場や各種法令についての知識」「教育制度やキャリア教育についての知識」「メンタルヘルスについての知識」「ライフステージや発達課題、人生の転機の知識」「個人の多様な特性をめぐる知識」という形で分類して、それぞれ簡単に内容を説明します。

①職業能力開発やキャリア形成支援

「3. 職業能力の開発の知識」の領域では、**「職業能力開発促進法」**というキャリアコンサルタントを国家資格と定めている法律をめぐっての出題や、**「能力開発基本調査」**という、従業員の人材育成や自己啓発について毎年行なわれている調査の結果からの出題が多くなっています。

　働く人（労働者）一人ひとりの職業能力の向上が図られることは、職業の安定や労働者の地位向上、また経済や社会の発展にも寄与するということで、キャリアコンサルタントの役割として大きく期待されている分野です。**職業能力評価基準**や公共職業訓練制度、また訓練を受けた際に支給される給付金制度などについても学びます。

　「4. 企業におけるキャリア形成支援の知識」の領域は、とくに企業内で働く労働者（従業員）が、どう**キャリア形成**を図っていけるかという点に着目した分野です。そこでは様々な人事制度が関わってもきます。労働時間や就業規則、また異動や退職など、いわゆる人事面での基礎的な知識も問われます。

　キャリアコンサルタントは、企業組織内における一人ひとりのキャリア形成を支援していく立場にありますので、上記のような**雇用に関しての知識**も必要とされるのです。

②労働市場や各種法令についての知識

　「5. 労働市場の知識」の領域では、「**労働力人口**」や「**完全失業率**」など労働力についての用語を理解した上で、現実の社会がどのようになっているかといった知識を問われます。労働経済白書とも呼ばれる国の報告書「**労働経済の分析**」の中からの出題もなされます。

　「6. 労働政策及び労働関係法令並びに社会保障制度の知識」の領域では、働くことについての国の基本法ともいえる**労働基準法**からの出題を始めとして、**労働契約法**など他の法律からの出題もあります。また、**雇用保険**や労災、社会保障制度についての基本的な知識も問われます。

③教育制度やキャリア教育についての知識

　「7. 学校教育制度及びキャリア教育の知識」の領域は、一つの独立した分野とも言えます。「学校教育法」や教育制度についての基礎的な知識や、**キャリア教育**についての知識が問われます。過去問では毎回2問が出題されてきました。

④メンタルヘルスについての知識

　「8. メンタルヘルスの知識」の領域も、独立した一分野です。最近はメンタルヘルス面の不調により勤務先を辞める人材も多く、「**こころの健康づくり**」が重要になってきています。

　当然、キャリアコンサルタントもこうした点についての知識を有していること

3
資格試験の内容と効果的な学習法

が重要となってきています。**発達障害**についての知識も重要で、「どのように発達障害の労働者に対応していったらよいのか」については、キャリアコンサルタントにとっての喫緊の課題となっています。

　「どのようにしたらメンタルヘルス不調にならないか」、また「メンタルヘルスの不調で休業していた人が職場に復帰する際には、どのような手順を踏んだらよいか」、さらに「**事業所における健康保持増進**のためにはどのような方策が有効か」といった事柄を知識として得ておく必要があります。
　余談ですが、自らがメンタルヘルスの不調であった経験から、「そのような人たちを支援したい」といった動機でキャリアコンサルタントを目指す人も多くなってきているように感じています。

⑤ライフステージや発達課題、人生の転機の知識
　「9. 中高年齢期を展望するライフステージ及び発達課題の知識」の領域では、アイデンティティ論で有名な**エリクソン**（Erikson, E. H.）が理論化した個人の発達理論（人生を8つの時期に分け、各期の発達課題やクリアできなかったときの心理的な危機等を図式化したもの）や、「過渡期」という概念を用いた**レビンソン**（Levinson, D. J.）の「成人発達理論」等を学び、ライフステージについての知識を深めます。そこから、とくに中高年齢期を展望できるようにもします。

　「10. 人生の転機の知識」の領域では、**シュロスバーグ**（Schlossberg, N. K.）の転機を巡っての一連の理論を学び、「転機の乗り越え方」といった実践的な知識も得ます。

⑥個人の多様な特性をめぐる知識
　「11. 個人の多様な特性の知識」では、**ニート**も含めた若年者、障害者、女性、高齢者、生活困難者など、多様な人材について、その課題や対処法策等についての知識を得ます。
　LGBTやがん等の疾病のある人に対しての対応の仕方（治療と労働の両立支援）等も、キャリアコンサルタントにとっては、今後の大きなテーマになってくることが予想されています。

知識問題の領域

1. キャリア理論
2. カウンセリング理論
3. 職業能力開発の知識
8. メンタルヘルスの知識
11. 個人の多様な特性の知識

技能を問う問題

1. 基本的な技能
2. 相談過程で必要な技能
   自己理解の支援
   仕事の理解の支援

技能を問う学科では「自己理解の支援」の出題が目立つ

　国が定めた4つの中の「Ⅲ．キャリアコンサルティングを行うために必要な技能」については、図表10からもわかるように、その内容が大きく2つに分かれています。「基本的な技能」と「相談過程において必要な技能」です。

　基本的な技能は、「**カウンセリングの技能**」「**グループアプローチの技能**」「**キャリアシート**の作成指導及び活用の技能」「相談過程全体の進行の管理に関する技能」の4つから構成されています。

　また、相談過程において必要な技能は、「相談場面の設定」「**自己理解の支援**」「**仕事の理解の支援**」「自己啓発の支援」「意思決定の支援」「方策の実行の支援」「新たな仕事への適応の支援」「相談過程の総括」の8つから構成されます。

　それぞれの分野からどのぐらいの割合で出題されてきたかを、過去問の分析から見たものが図表17です。

資格試験の内容と効果的学習法

3

▼ 図表17：「Ⅲ．キャリアコンサルティングを行うために必要な技能」過去問にみる出題数

「Ⅲ．キャリアコンサルティングを行うために必要な技能」の科目内訳	過去問にみる出題数
1．基本的な技能	
カウンセリングの技能	1〜3問
グループアプローチの技能	1〜2問
キャリアシートの作成指導及び活用の技能	1〜2問
相談過程全体の進行の管理に関する技能	0〜1問
2．相談過程において必要な技能	
相談場面の設定	0〜1問
自己理解の支援	2〜5問
仕事の理解の支援	1〜3問
自己啓発の支援	0〜1問
意思決定の支援	0〜1問
方策の実行の支援	0〜1問
新たな仕事への適応の支援	0〜1問
相談過程の総括	0〜1問

3 資格試験の内容と効果的学習法

「自己理解の支援」についての出題数が多くなっていますが、他の項目はどれも出題数は少なく、その項目から出題されなかった回もあるという結果でした。

実技手法を文章で確認する技能の学科試験

「Ⅲ．キャリアコンサルティングを行うために必要な技能」の箇所については、国が定めた「キャリアコンサルタント養成講習」では、その必要時間数の大半を「演習」としています（図表10参照）。

つまり、キャリアコンサルティングに必要な技能は、演習を通じて獲得することが重要ということです。それを学科試験で問う場合には、演習で身に付けた実技の内容を、文章を通じて確認するような試験内容となってきます。

以下に、出題の傾向を概観します。

①カウンセリングやグループアプローチの技能

基本的な技能に位置付けられている「カウンセリングの技能」と「グループアプ

ローチの技能」について、まず見ていきましょう。技能を問う問題とは、例えば以下のようなものです。

> キャリアコンサルティングにおいて、キャリアコンサルタントが相談者に質問をする場合には、相談者が自由に話ができるように、開かれた質問（オープン・クエスチョン）をすることが望ましい。

　ここでは、面談（キャリアコンサルティング）の際の質問の仕方という技能が、文章となって問われています。
　開かれた質問（オープン・クエスチョン）と**閉ざされた質問**（クローズド・クエスチョン）（閉ざされた質問とはイエスかノーで答えられるような答えやすい質問）についての問題なのですが、これは理論の箇所でも出てきたアイビイ（Ivey, A. E.）が提唱した**折衷技法**「マイクロカウンセリング」の理論についての問題とも考えられます。
　理論は、実際に面談を行う際に役立つものであるべきですので、当然と言えば当然なのですが、理論を問う問題と区別がつきにくい問題となってしまうこともあります。
　なお、上記の問題文の内容は正しいもので、一問一答でいえば○となる設問です。

　「グループアプローチの技能」とは、例えば以下のような問題となって問われます。

> グループアプローチにおけるファシリテーターの役割の一つは、特定のメンバーが長く話し続けてグループを支配する場合には、注意を払いながら介入を行うことである。

　キャリアコンサルタントは、相談者との一対一の面談をするだけではなく、グループに対してワークショップ等を行うこともあります。その際にはファシリテーターという役割を担うこととなるので、その場合の技能が問われた問題となっています。なお、上記の問題文の内容は正しく、一問一答でいえば○となる設問です。

②キャリアシートの作成指導及び活用の技能
　キャリアシートとは、履歴書や職務経歴書、また国が書式を作成して普及を目指している**ジョブ・カード**（職務経歴や資格等を記して職業能力を証明するだけで

なく自身のキャリア・プランニングにも使えるようにした書式）等のことを指します。

そうしたキャリアシートの書き方、助言や指導の仕方についての技能を問う問題が出題されます。

50問中、1〜2問は必ず出題される分野で、とくにジョブ・カードについての出題がなされることが多い箇所です。

③相談過程全体の進行の管理に関する技能

キャリアコンサルティングの「相談過程」あるいは「マネジメント」という言葉で過去に何度か出題された箇所です。キャリアコンサルタントは相談の進行管理において、常に相談者とのラポール形成（相談者との親密な人間関係の構築）に留意し、その面談が現在、どのような段階にあるのかもしっかりと把握しておく必要があります。

そうした点に関しての項目ですが、出題頻度は高くなく、出題されなかった回もあります。

④自己理解支援はじめ相談過程の各段階の技能に関する問題

相談過程の各段階において必要な技能が問われます。「相談場面の設定」から「相談過程の総括」まで8つの箇所から構成されていますが、必ず出題されるのは、その中の「自己理解の支援」と「仕事の理解の支援」の箇所です。

「**自己理解の支援**」とは、相談者（クライエントとも呼びます）が自身のことをもっとよく認識できるように、キャリアコンサルタントが支援することを指しています。これはキャリアコンサルティングの中でも大変重要なプロセスであると言われています。

この自己理解の支援のために、キャリアコンサルタントは面談を行ったり、キャリアシートを作成してもらったりするのですが、また一方で「**アセスメント**」と呼ばれる検査手法を用いることもあります。

学科の問題の中では、このアセスメントについての問題が出されることが多くなっています。「**厚生労働省編一般職業適性検査（GATB）**」や「**VPI職業興味検査**」、「**職業レディネス・テスト（VRT）**」などが代表的な検査手法ですが、それぞれの特徴やどのような時にどのような対象者に対して実施するのかといった点が問われます。

「**仕事の理解の支援**」も、キャリアコンサルティングのプロセスの中では「自己理解の支援」と並んで重要な要素です。仕事理解の支援の箇所では、相談者の職業理解や仕事内容の理解を促進させることがなぜ必要なのかといった意義が問われる

質問が出題されたり、また「**日本標準職業分類**」や「**厚生労働省編職業分類**」といった国が定めている職業の分類についての問題が出題されます。

　キャリアコンサルタントは、できるだけ最新の具体的な職業・仕事情報を提供できるようになることが必要とされますので、そうした観点からの設問がなされています。

社会的意義や倫理・行動に関しての設問

　「Ⅰ. キャリアコンサルティングの社会的意義」や「Ⅳ. キャリアコンサルタントの倫理と行動」の領域については、毎回5〜7問程度が出題されています。

　「Ⅰ. キャリアコンサルティングの社会的意義」では、国が5年ごとに定めている「**職業能力開発基本計画**」についての出題がなされることもあります。これは「国がキャリアコンサルティングを巡ってどのように施策を進めようとしているのか」が示されているものですが、そこではキャリアコンサルティングの社会的な意義についてももちろん言及されていますし、またキャリアコンサルタントの役割も述べられています。そうした点が、学科の設問としても取り上げられるのです。

　「Ⅳ. キャリアコンサルタントの倫理と行動」では、「業務に関して知り得た秘密を漏らし、又は盗用してはならない。キャリアコンサルタントでなくなった後においても、同様とする」という法律に規定された**守秘義務**や、またカウンセリングを行う時の**多重関係の禁止**（カウンセラーと相談者という関係とは別に男女の関係等の違った関係が生じている事の禁止）等の「倫理」についての問題が出題されます。

　さらに、生涯、**自己研鑽**を積んでいくことの重要性や**ネットワーク**の大事さ、環境に働きかけるといった役割など、いくつかのキャリアコンサルタントにとって大事とされる行動についての問題が出されます。

　キャリアコンサルタントは、診断や治療といった医療行為をすることはできないので、例えば診療内科の医師と「ネットワーク」しており、適切な**リファー**（相談者との合意の元により適切な相談先に紹介すること）を出せるようになることが重要です。また、「**環境への働きかけ**」とは、キャリアコンサルタントが、例えば企業の経営層や人事部等に、より良い環境になるように提案を行っていくこと等を指しています。

2 学科試験の効果的学習法

学科試験では要点だけでなく詳細も重要

　本書の姉妹本である『国家資格キャリアコンサルタント学科試験・要点テキスト＆一問一答問題集』では、今までに行われた過去問をベースにした約1600問の問題が一問一答の形で記載されています。

　この本を用いた受験対策講座では、よく次のような質問や感想を受講者の方からいただきます。

・「要点テキスト」をすべて暗記すれば合格できますか？

・一問一答の問題には「要点テキスト」に書いていないことが出ています。

・「要点テキスト」はわかりやすいですが、一問一答の問題は難しいです。

　最近の学科試験の傾向として、ある事柄についてかなり詳しく内容を問われることが多くなっています。例えば、あるキャリア理論について、その内容の詳細が問われる問題が出題されます。それを説明していると、とても「要点テキスト」とは呼べない大部なものになってしまいます。細かな説明を書いていると、「要点テキスト」ではなく「教科書」になってしまうということです。

　問題集という形で一問一答の問題を多くして、それを中心としているのが『国家資格キャリアコンサルタント学科試験・要点テキスト＆一問一答問題集』です。ですから、「要点テキスト」部分をすべて暗記すれば合格できるようにはできていません。**「一問一答」部分までやっていただくことで、合格ラインに到達**できるように作っています。

　一問一答の問題の中には要点テキストに書いていないことが出てきますし、また要点テキストを読んだだけでは解けない難しい問題もあります。しかし、それらの問題も含めて、ぜひできるようになっていただきたいのです。

こんな「詳細」が試験に出る

　要点だけではなく、詳細もわかるようになることが重要という例を一つ引いてみましょう。

　「キャリアに関する理論」の章の中に、「キャリア構築カウンセリング（サビカス）」という項目があります。サビカスという学者が作った「キャリア構築理論」についての説明が、要点テキスト部分に以下のように記載されています。

> **キャリア構築理論**：職業パーソナリティ、キャリア・アダプタビリティ、ライフテーマの3つの主要概念で構成され、キャリア・アダプタビリティは4つの次元（関心、統制、好奇心、自信）で説明される。

　初めてこのキャリア理論を聞かれた方の中には、難しい用語ばかりで何のことかさっぱりわからないという方もおられるかと思います。横文字（カタカナ）も多いですね。

　少しカタカナの用語だけ説明しておきますと、パーソナリティは一般に「個性」や「人格」と訳されますから、「**職業パーソナリティ**」は、職業についての個性（例えば「どんな仕事が好きか」「どんな能力があるか」「働くことについてどんな価値観を持っているか」など）ということになります。

　アダプタビリティは、日本語では「適合性」となります。「**キャリア・アダプタビリティ**」は、その仕事にどう適合できるかといった意味だとまずは考えてください。

　ライフテーマは、直訳すれば「人生の主題」となりますね。

　ここまでの説明と先の要点テキストによって、さっそく次の四肢択一問題に挑戦してみてください。四肢択一というのは、実際に国家試験で用いられている出題形式で、50問の問題で35問以上正答すれば学科試験は合格となります。

> **問題**　サビカス（Savickas, M. L.）が提唱したキャリア構築理論について、次の記述のうち、最も適切なものはどれか。
>
> 1.　サビカスのキャリア構築理論は、職業パーソナリティ、キャリア・アダプタビリティ、ライフテーマの3つの主要概念で構成され、キャリア・アダプタビリティについては中核概念として4つの次元で説明される。

資格試験の内容と効果的学習法

3

2. サビカスのキャリア構築理論においては、キャリア・プラトーからの脱却をテーマとしており、組織が労働者に対して提供すべき有効な施策や教育の在り方を示している。

3. サビカスのキャリア構築理論では、ライフ・ストーリーの語りによって、人は自分自身の過去と決別し、新たな人生計画を持つことができるようになる。

4. サビカスのキャリア・アダプタビリティの4次元の一つである「キャリア関心」（Career Concern）とは、過去にとらわれるのはなく、現在直面している職業上の課題やトランジッションに目を向けることが大事であるという現在志向を意味している。

※実際の試験問題ではなく、説明用に著者が作成したもの。ただし4つの設問文は、過去問の中で、ほぼ類似の文章が実際に出題されたことがある。

最初から正答できなくてOK ～知見を増やすのが一問一答

　前項の四肢択一問題は、初めて見る方にとっては、とても難しく感じられたと思います。馴染みのない言葉だらけといった感想を持った方もいるはずです。当然だと思います。

　さて、一つ一つの設問文について、見ていきましょう。まず、1については、先の要点テキストを仮に暗記されていた方がいるとしたら、比較的やさしい設問文ではないでしょうか。要点テキストとほぼ同一の文章ですから、これは○（記述通り正しい設問文）ということになります。ただし細かく見れば、「キャリア・アダプタビリティ」が"中核概念"であるということは、先の要点テキストだけではわからない事柄ではありますが……。

　この四肢択一問題では適切なものを一つ選ぶようになっていますから、1が○ということは、2〜4は×（誤った設問文）ということになります。

　実際の試験では正答が出せればいいのですから、極端な話、1が正答だとわかれば、2以降の設問文は無視して、次の問題に移ってしまってもよいわけです。実試験では、4つの設問文を比較しながら正答を選ぶことができるので、一問一答で○か×かを答えるよりも、いくらか正答を出しやすいとも言えます。しかし試験前の勉強では、一つ一つの設問文について、○か×かをしっかりわかるようになっていた方が、試験にも合格しやすくなるということは言えます。

　設問文に戻ります。2の文章ですが、「キャリア・プラトー」とは一般的に中年社員などがキャリア面での行き詰まりを感じることを指します。プラトーはもともと台地や高原といった意味ですが、それが転じて「停滞期」（あるいは時に「安定期」）を指すようになりました。スポーツの筋力トレーニングなどでも使われることが多い言葉です。

　実はキャリア・プラトーという言葉は、キャリア理論の勉強の中でそれほど耳にする言葉ではありません。しかし初めて聞いたとしても、おおよその意味は類推できるかと思います。

　2が×であるということは、要点テキストにこの2の設問文に関連した記述がまったくないという点から、ある程度は推し量ることはできるかもしれません。しかし、要点テキストが紙面の制限もあって細かいことまで書いていないのだとしたら、この2が○か×かを判断するのはすごく難しい作業となるでしょう。

　しかしそれはそれでいいのです。仮にこの一問一答に初めから正答できなくても、まったく問題ありません。

　一問一答部分には見開きの右側に○×が明記されており、この設問文は×だとすぐにわかります。この記述を見て、「キャリア構築理論とは、この設問文のようなものではないのだな」ということがわかり、この理論についての新しい知見が増えれば、それでいいのです。

　初見で出来なかった問題ということで、再度この問題を解いたときには、今度は正答できるようになっていることも多いでしょう。それで十分です。この一問一答の各問題を、**最初は○か×かわらなくても、どんどん解いていくことで、内容についての知見が一つ一つ増えていくこと**が重要なのです。

　繰り返しになりますが、要点テキストには本当に幹になる部分しか記載していません。しかし試験問題では、枝葉の詳細の部分も出るのですから、その部分については、一問一答で補っていただきたいのです。

試験に出る詳細部分は一問一答とその解説で確認していく

　先の四肢択一問題の3と4が、なぜ×なのかについては、見開きの右ページに記載があります。それぞれ以下のようなものとなります。

「人は自分自身の過去と決別し」という箇所が誤っている。過去がどう現在の自分につながっており、また未来につながるのかという「なぜ(why)」を語るのが、ライフ(キャリア)ストーリーである。

 キャリア関心(Career Concern)とは、過去を回顧し、現在を熟考し、未来を展望する、という未来に備えた計画的な態度である。それは「未来志向」であり、設問にある「現在志向」は誤っている。

　要点テキストには記載のない知見が、この解説文の中に書いてあります。一問一答を○か×かで回答していく作業を通じて、要点テキストに記載のある"幹"の部分だけでなく、"枝葉"の部分の知識が増えていくのです。

3
資格試験の内容と効果的学習法

▼ 図表18：『国家資格キャリアコンサルタント学科試験・要点テキスト＆一問一答問題集』一問一答部分の紙面

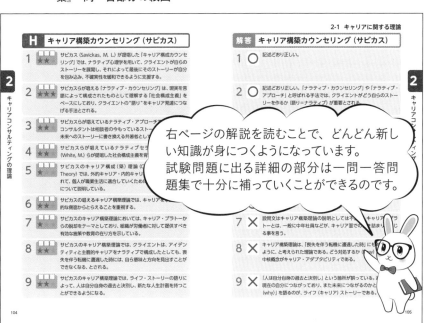

◯か×か正答できない問題は何度も繰り返す

　学科試験の合格ラインの7割を超えるには、一問一答問題集を何度か繰り返して、**正答できなかった問題を確実につぶしていく**ことが肝要です。

　見開きの左ページには、出題頻度が高い問題を表す★マークの記載の上に、3つの**チェックボックス**が並んでいます（図表18）。このチェックボックスを活用して、正答できなかった問題にはチェックを入れていきましょう。

　2回目に繰り返す時には、できた問題は飛ばして、チェックが入っている正答できなかった問題だけを解いていけばいいのです。また間違ったら、その問題には2つ目のチェックが入るようになります。

　そのようにして、繰り返して一巡、二巡、三巡とやっていけば、どんどん間違った問題は減っていきます。できない問題がなくなった時点で、試験を受ければ7割の合格ラインには到達することができるようになります。

1日2時間の学習を1カ月行えば合格ラインに

　「どのくらいの学習時間が必要ですか？」という質問もよく受けます。もちろん人によって異なるとは思いますが、一つの目安は「**1日に2時間の勉強で、ほぼ1か月で合格ラインに達する**」というものです。もしも1日に1時間であれば2か月、1日30分の勉強時間しか取れなければ4か月といった目安です。

　この目安の勉強時間の中には、実は、聞き慣れない用語や人名についてインターネットや教科書で調べて学習するといった時間も含めて考えています。もしも、そうした時間をまったく取らずに、この問題集に取り組んでいる時間だけを考えたら、先の**目安時間は、半分くらい**になるとも思っています。

　実際、この問題集だけで勉強して合格したという方を何人も知っていますが、**1日に1時間も使わずに1か月以内で勉強が終わった**という人が何人もいました。

さらに高得点目指すなら過去問にトライ

　学科試験は、7割以上の正答率で合格です。70点で合格した人も、96点で合格した人も、合格者という点ではまったく同じです。点数が資格者証に記載されることもありませんし、国家資格者としての扱いに何か違いが生じるということもありません。また、点数が本人以外に明かされることもありません。

　合格という目的に達するには、70点以上の点数を取れればよいのですが、中に

（左余白・縦書き）
3
資格試験の内容と効果的学習法

は90点以上の高得点で合格する人もいます。もしもそのような高得点を目指すのであれば、一問一答問題集に加えて、過去問題集にトライすることも良い方法です。

　過去問題については、3回前のものまでがインターネット上で常に公開されています。3回分の過去問にトライすることは、四肢択一問題という実際の試験形式に慣れるという意味もあるでしょう。

　また、一問一答問題集は、今までのすべての過去問の7〜8割の問題をカバーはできているのですが、逆に言えば紙面の関係で収録されていない問題もあるということです。それを補う作業が、「過去問を解く」という作業になります。

　ここで一つ注意として、「過去問を解くことを先にやらない」ということです。まず問題集をやってから、過去問を解く作業に移ってください。問題集が終わっていれば、おそらく過去問は7〜8割以上の正答率となるでしょう。過去問で間違ってしまった問題だけについて、「なぜ間違ったのか」を調べればよいのです。

3

資格試験の内容と効果的学習法

「実技(論述、面接)」試験の内容

実技試験ではカウンセリング力が問われる

実技試験は、論述試験と面接試験に分かれています。ともに、一言でいえば「カウンセリングの力が問われる試験」と言ってよいでしょう。もちろん「キャリアカウンセリング」の実力です。

なぜ、あえて「キャリアコンサルティング」ではなく、「キャリアカウンセリング」と言うのかというと、私は**キャリアカウンセリングを含み込んでキャリアコンサルティングがある**と思っているからです。キャリアカウンセリングとキャリアコンサルティングの関係は、図表19のように、卵のモデルで表されます。実技試験では、卵の黄身にあたる部分の実力が測られていると、私は考えています。

▼図表19：「キャリアカウンセリング」と「キャリアコンサルティング」の関係

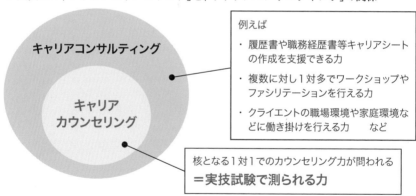

では、卵全体で見たときのキャリアコンサルティングとは何でしょうか。例えば、「履歴書や職務経歴書などの**キャリアシート**をクライエント（相談者）が作成する際に支援ができる力」「複数のクライエントに対して、**一対多でワークショップ**や**ファシリテーション**を行える力」「クライエントの周囲の環境（職場環境や家庭環境など）に対して**働き掛け**を行える力」などが代表的なものとして挙げられます。

　図表19の中心部にあるキャリアカウンセリングのスキルは、心理カウンセラーも当然身につけているスキルです。その意味では、キャリアコンサルタントは、心理カウンセラー的な技量も有しているということになります。

　図においては卵全体にあたるキャリアコンサルタントとしての全体的な力を見るためには、かなり大がかりな試験体制が必要となるでしょう。限られた時間内で試験が実施されることを考えれば、卵の核となる部分のキャリアカウンセリング力が問われる試験となっていることは妥当なことであると考えられます。
　核となるカウンセリングの力が元となって、キャリアコンサルタント全体としての技量も十分に発揮されるようになると思われます。

　論述試験と面接試験は、前者が紙に記述するという試験形式であるのに対し、後者は試験官の前で**面談実技を実際に行う**という試験形式です。そのため、まったく別物と考えている人も多いようです。
　しかし、先にも述べたように、ともにキャリアカウンセリング力を問うという点で同一であり、決して別の試験ではありません。問われている（測られている）力は基本的に同じ力であり、ただ**問われ方の形式が異なっている**だけということができます。

論述試験は2つの団体が少し違った形で実施

　論述試験は、学科試験が行われる日の午後に行われます。午前中の学科試験が終わった後に、2時間程の昼休みを挟んで、**50分間の論述試験**が実施されます。
　キャリアコンサルティング協議会と日本キャリア開発協会の2つの団体が、国から委託を受けて試験を実施しています。ともに特定非営利活動法人（NPO法人）です。受験者数が多いため2つの団体が行っており、受験者はおおよそ半分ずつに分かれて受験しています。
　学科試験および論述試験の実施は、両団体で同一の日時です。ただし、日本各地のどの都市で実施されるかは、団体によって異なっています。東京などの大都市では2つの団体が違った場所で実施していますが、地方都市ではどちらか1つの団体だけが実施しているということがあります。
　学科試験の内容はもちろん同じものとなりますが、**論述試験は出題内容が若干異なっています**。国は「同じ試験である」としていますが、実際にはこれから述べるように違った設問となっています。

事例記録からの出題は共通だが記載形式に差異

　キャリアコンサルティング協議会（以下「CC協議会」）の論述問題も、日本キャリア開発協会（以下「JCDA」："Japan Career Development Association"の略）の論述問題も、ともに事例記録が掲載されており、それを巡った設問が作られているという点では共通です。

　事例記録とは、キャリアコンサルティングの内容を記録したものと考えてください。CC協議会の場合は、相談者の話した内容をまとめたもの（一部キャリアコンサルタントの発言を含む）。JCDAの場合は、キャリアコンサルタントと相談者の会話を一語一句文字に書き起こしたもので、**逐語録**と呼ばれることもあります。たとえば、以下のようなものです。

> CCt1　入社して1年程は頑張って仕事に取り組んできたものの、最近では自分はこの仕事に向いていないと思うようになり、相談に来られたのですね。もう少し詳しくお話しいただけますか。
>
> CL1　はい、営業の仕事があっていると思って入社したのですが、ノルマがきつく、毎月やっとクリアできるような1年でした。同期の中には転職していく者もいて、自分もどうしようかと迷ったりもしたのですが、同期の中では良い成績でしたし、ノルマもクリアできていたのでここまで来てしまいました。しかし最近はやはり営業は自分に向いていないかもしれないと思い始めたんです。
>
> CCt2　……

※CCtはキャリアコンサルタントを指す。CCと表記されることもある（CC協議会の場合）。
※CLはクライエント（相談者・来談者）を指す。
※この逐語録は、冒頭からのものではなく、CCt1以前の部分は省略されている。

　このような事例記録が掲載されており、それを巡っての設問がその後、出題されているのです。

　実際の問題では、事例記録は以下のような記載から始まります。

▼図表20：CC協議会の最初の記載

> **問題** 次の【事例記録】を読み、以下の設問に答えなさい。解答は解答用紙の設問ごとに記述すること。
>
> 【事例記録】
>
> **＊キャリアコンサルタントが今後の研鑽に生かすための、作成途中の事例記録**

相談者情報: Zさん、男性、28歳 略歴:四年制大学○○学部を卒業後、大手○○メーカーに就職して○年目 家族構成:一人暮らし。独身
面接日時:20XX年X月上旬 本人の希望で来談(初回面談)
相談の概要: <div align="center">【略A】</div>
相談者の話した内容 カッコ内はキャリアコンサルタントの発言 英語が得意で、英語力を活かした仕事がしたいと考えて、就職活動では総合商社を目指したが……
所感(キャリアコンサルタントの見立てと今後の方針) ・【下線B】を質問した意図は、(以下略)

▼ 図表21:JCDAの最初の記載

事例Ⅰ・Ⅱ共通部分と事例Ⅰ・Ⅱを読んで、以下の問いに答えよ(事例ⅠとⅡは、同じ相談者(CL)、同じ主訴の下で行われたケースである)。

相談者(CLと略):

　Bさん、28歳女性、四年制大学(教育学部)卒業、幼稚園教諭2年目、両親・妹と四人暮らし。

キャリアコンサルタント(CCtと略):

　相談機関のキャリアコンサルティング専任社員

事例Ⅰ・Ⅱ共通部分

CL1　:自分は幼稚園教諭になって数年以上になるのですが、最近このままこの仕事を続けていていいのか、と思い悩むことがあって、相談に来ました。

CCt1　:このままこの仕事を続けていいのかと思い悩むことがあって、この相談にお見えになったのですね。もう少し詳しくお聞かせ頂けますか。

CL1　:はい、実はもともとは幼稚園教諭ではなく、とても好きだった英語を使う仕事に就きたいと考えていました。……

資格試験の内容と効果的学習法

3

CC協議会における事例記録は「キャリアコンサルタントが今後の研鑽に生かすための、作成途中の事例記録」であり、相談者情報、面談日時、相談概要、**相談者の話の内容とCCの発言**、所感で構成された作成途中の記録となっています。

一方、JCDAは**逐語記録形式**で出題され、相談者情報、事例Ⅰ・Ⅱ共通部分と、**それに続く事例Ⅰおよび事例Ⅱに分かれた部分**で構成されています。

CC協議会の事例記録では、来談経緯（主訴）は「相談の概要」欄で【略A】として省略されています。また、カッコ内のキャリアコンサルタントの発言のうち【下線B】の部分は、「所感」欄でその質問の意図が記載されますが、これも省略されています。

▼図表22：CC協議会における事例記録の構成（概念図）

相談者（CL）の話した内容＝＋＋＋＋＋

キャリアコンサルタント（CC）の発言＝＊＊＊＊＊

＋＋＋＋＋＋＋＋＋＋＋＋＋＋＋＋＋＋＋＋＋＋＋＋＋＋＋＋＋＋＋＋＋＋＋＋
＋＋＋＋＋＋＋＋＋＋＋＋＋

（＊＊＊＊＊＊＊＊＊＊＊＊＊＊＊＊＊＊＊＊＊＊＊＊＊＊＊＊＊）

＋＋＋＋＋＋＋＋＋＋＋＋＋＋＋＋＋＋＋＋＋＋＋＋＋＋＋＋＋＋＋＋＋＋＋＋
＋＋＋＋＋＋＋＋＋＋＋＋＋＋＋＋＋＋＋＋＋＋＋＋＋＋

（＊＊＊＊＊＊＊＊＊＊＊＊＊＊＊＊＊＊＊＊＊＊＊＊＊＊＊＊＊＊＊＊＊＊＊
＊＊＊＊＊＊＊＊＊＊＊＊＊＊＊＊＊＊＊）【下線B】

＋＋＋＋＋＋＋＋＋＋＋＋＋＋＋＋＋＋＋＋＋＋＋＋＋＋＋＋＋＋＋＋＋＋＋＋
＋＋＋＋＋＋＋＋＋＋＋＋＋

＋＋＋＋＋＋＋＋＋＋＋＋＋＋＋＋＋＋＋＋＋＋＋＋＋＋＋＋＋＋＋＋＋＋＋＋
＋＋＋＋＋＋＋＋＋＋＋＋＋＋＋＋＋＋＋＋＋＋＋＋

（以下略）

それに対して、JCDAに特徴的なことは、事例記録が「事例Ⅰ・Ⅱ共通部分」と「事例Ⅰ」、「事例Ⅱ」の3つのパートに分かれて掲載されている点です。

「事例Ⅰ・Ⅱ共通部分」の続きが、2つに分岐しています。「事例Ⅰ」は、あまりよくない対応をキャリアコンサルタントがしている事例。そして「事例Ⅱ」は、事例Ⅰと比較してキャリアコンサルタントが良い対応をしている事例となっていることがほとんどです（図表23）。

▼ 図表23：JCDAにおける事例記録の構成（概念図）

事例Ⅰ・Ⅱ共通部分

CL1 ：＋＋＋＋＋＋＋＋＋＋＋

CCt1：＊＊＊＊＊＊＊＊＊＊＊

CL2 ：＋＋＋＋＋＋＋＋＋＋＋

CCt2：＊＊＊＊＊＊＊＊＊＊＊

CL3 ：＋＋＋＋＋＋＋＋＋＋＋

事例Ⅰ	事例Ⅱ
CL4 ：＋＋＋＋＋＋＋＋＋＋＋＋	CL4 ：＋＋＋＋＋＋＋＋＋＋＋
CCt4：＊＊＊＊＊＊＊＊＊＊＊	CCt4：＊＊＊＊＊＊＊＊＊＊＊
CL5 ：＋＋＋＋＋＋＋＋＋＋＋	CL5 ：＋＋＋＋＋＋＋＋＋＋＋
CCt5：＊＊＊＊＊＊＊＊＊＊＊	CCt5：＊＊＊＊＊＊＊＊＊＊＊
CL6 ：＋＋＋＋＋＋＋＋＋＋＋	CL6 ：＋＋＋＋＋＋＋＋＋＋＋
CCt6：＊＊＊＊＊＊＊＊＊＊＊	CCt6：＊＊＊＊＊＊＊＊＊＊＊
CL7 ：＋＋＋＋＋＋＋＋＋＋＋	CL7 ：＋＋＋＋＋＋＋＋＋＋＋
CCt7：＊＊＊＊＊＊＊＊＊＊＊	CCt7：＊＊＊＊＊＊＊＊＊＊＊
CL8 ：＋＋＋＋＋＋＋＋＋＋＋	CL8 ：＋＋＋＋＋＋＋＋＋＋＋
CCt8：＊＊＊＊＊＊＊＊＊＊＊	CCt8：＊＊＊＊＊＊＊＊＊＊＊

3

資格試験の内容と効果的学習法

2団体における設問の違い

2つの団体の解答用紙は、ともにA4用紙1枚です。解答を書く欄の分量は、ほぼ同じです。しかし設問の仕方が異なっています。

CC協議会とJCDA、この2つの団体における設問の違いを見ながら、論述試験に対しての「効果的学習法」を次節で述べていきます。

4 論述試験、解答のコツと 効果的学習法

設問の特徴を面談の流れ図を使って把握

　2団体ともA4用紙1枚に記述するのですから、記述しなければならない量はほぼ変わりません。面談（カウンセリング／キャリアコンサルティング）についてのスキルを問うという設問意図も同様です。

　しかしながら、実際の設問内容は、2団体で違いがあります。CC協議会の各設問で問われている点は、以下のようにまとめることができます。

＜CC協議会の「論述」での設問＞
【設問1】クライエント（CL）が訴えた問題の把握（②）
【設問2】応答場面でキャリアコンサルタント（CC）が発言した質問の目的や意図
【設問3】キャリアコンサルタント（CC）が把握したクライエント（CL）の問題（見立て）（③）
【設問4】面談における目標の設定～具体的な方策（④～⑤）

　一方、JCDAの各設問で問われている点は、以下のようにまとめることができます。

＜JCDAの「論述」での設問＞
[問い1]関係構築（CCtとしての基本的態度、傾聴技法）～目標の設定（①～④）
[問い2]関係構築（CCtとしての基本的態度、傾聴技法）～主訴、見立て（①～③）
[問い3]キャリアコンサルタント（CC）が把握したクライエント（CL）の問題（見立て）（③）
[問い4]面談における目標の設定～具体的な方策（④～⑤）

　図表24は、キャリアコンサルティングの流れ（プロセス）を描いたものです。図中に、2つの団体が出している問題の位置づけをプロットしています。

　CC協議会の【設問1】と【設問3】は、このプロセスの各段階を設問としているということがわかります。一方、JCDAの[問い]では、プロセスのいくつかをまとめて設問としていることがわかります。

　上記の各設問の説明の末尾には、図表24と対応させて（③）や（①〜④）といった番号を書き加えておきました。それを見ても、JCDAの設問では[問い1]は①〜④、[問い2]は①〜③、[問い4]は④〜⑤となっていることがわかります。
　とくに、図では①〜④となっているJCDAの[問い1]は、キャリアコンサルティング・プロセスの広い範囲をカバーした特徴的な設問と言えるでしょう。

▼ 図表24：キャリアコンサルティングの流れと論述試験の設問の関係

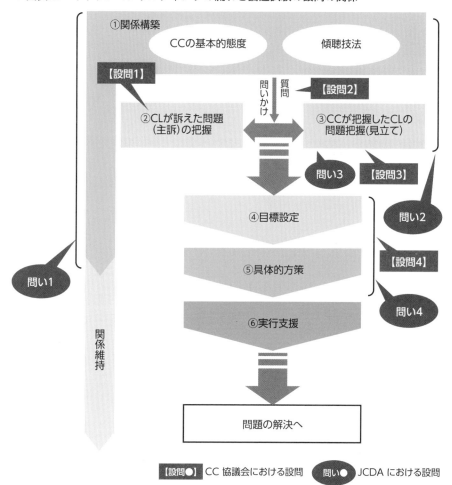

（『国家資格キャリアコンサルタント実技試験（面接・論述）実践テキスト』より一部修正して引用）

3 資格試験の内容と効果的学習法

CC協議会では「システマティック・アプローチ」の各段階を解答

　実は、図表24のキャリアコンサルティングの流れは、一般に**システマティック・アプローチ**と呼ばれており、カウンセリングを実施する際の定型とされているものの一つです。CC協議会の設問は、このシステマティック・アプローチを意識して作られています。受験する側としても、この全体フレームを理解して、個々の問題に確実に解答をしていきます。

①相談者が言う「主訴」を把握する設問1

　【設問1】は相談者（CL）がこの面談で相談したいこと、いわゆる**主訴（CLが訴えている主な問題や課題）**を含めた相談内容を問う問題です。問題文の事例記録では「相談の概要」（略A）に相当するものです。主訴は一般的にCLが最初の段階で自身の状況を話す中で語られます。

②キャリアコンサルタントの質問の意図を記述する設問2

　【設問2】は、事例記録の中でCCが発した【下線B】の質問の意図を問う問題です。
　CCは面談の中でCLに様々な質問や問いかけを行いますが、**質問や問いかけには、必ず何らかの目的や意図があります**。質問には、CLの話のあいまいで漠然としているところを正しく理解するための明確化の機能や、CCが傾聴しながら現実吟味の中でCLの自己理解の深化を促す機能があります。

　本設問の記述は、所感（キャリアコンサルタントの見立てと今後の方針）の中での記述であることから、**「質問の意図」は見立てとの関連で理解する**必要があります。質問の意図は、CCの見立てがベースにある場合、断定的な表現でなく、「……と考えられる」などの表現がよいでしょう。

③CCとしてCLを洞察し問題の「見立て」をする設問3

　【設問3】は、**CCから見たCLの問題の「見立て」**ができるかどうかを問う問題です。図表24の③です。CLの訴えていること（悩み、不安、戸惑いなど）の根本原因になっている問題であり、CL自身が気づいていないことが多いと思われます。【設問1】の主訴とは以下のように違いますので、注意が必要です。

> **主訴**：クライアントが自ら発言している、自身でもわかっている問題や課題
>
> **見立て**：クライアントは発言していないし、自身でもわかっていないが、キャリアコンサルタントが「こうではないか」と仮説として捉えているクライアントの問題や課題

　見立ては、事例の記録上にはそのままの形では表れていないので、解答すること
は【設問1】と比べて難しいでしょう。解答のコツは、以下の4つの観点から考えて
みることです。まずは、この4つのうちのどれかに当てはまらないだろうかと検
討してみます。

<代表的な見立ての例>

・自己理解の不足：何がしたいのかなど、自身のことがよくわかっていないという
問題。キャリアの棚卸しがしっかりとできていなかったり、キャリアビジョンが不
明確。

・仕事理解、職業理解の不足：仕事の内容についての理解不足やどのように遂行し
たらいいのかといったスキルや知識が不足しているという問題。業界等の情報が
しっかりと把握できていないこともある。

・周囲とのコミュニケーションの不足：上司や部下・同僚等とのコミュニケーショ
ンが不足しているという問題。家族内で配偶者や親や子供とのコミュニケーション
が不足している場合もある。

・何らかの思い込み：「私には絶対できない」「私は周囲からこう思われている」など、
確固とした根拠もないのにある思い込みを持ってしまっているという問題。

【設問3】は①問題（見立て）と②その根拠を分けて記述します。①問題（見立て）
は、上記カテゴリーを参考に【設問2】の質問の意図も含めて2～3つを選択し、各
カテゴリーの内容をある程度、具体的に記述します。

　たとえば、自己理解の不足であれば、能力なのか、価値観なのか、環境なのかなど
を記述し、仕事理解の不足ならば、人事制度や組織の理解不足なのか、仕事内容の
理解不足なのか、働き方の理解不足なのかなどを記述してください。②その根拠
は、相談者の言動をできるだけ使用し、具体的な言葉で説明します。

　見立てはCCが考えた仮説でもあります。当たっている（正しい）かどうかは検
証してみなければわかりません。したがって、この設問に対しての解答では、断定
的に決めつけて書くのは好ましくありません。「……と感じられる」「……と思わ
れる」などというように、文章の最後はあくまでの**推量であるという書き方が好ま
しい**と考えています。

④前問の見立てを元に今後の進め方の方針を記述する設問4

　【設問4】は、【設問3】の見立てを踏まえて、今後のキャリアコンサルティングの進め方の方針を問う問題です。

　方針の記述内容はCLに対する基本方針、目標設定と具体的方策です。設問では「今後あなたがこのケースを担当するとしたら、どのような方針でキャリアコンサルティングを進めていくか記述せよ」と問われていますが、冒頭で述べたシステマティック・アプローチの流れをもとに考えれば、ここで問われているのは**「目標設定」**と**「具体的方策」**であり、それについて記述するのが正解であるとわかります。

　具体的な目標設定と方策については本来CL主体で行うのですが、ここではCCの方針による目標設定と方策を検討することになります。

　【設問1】の主訴と【設問3】の見立てを踏まえた、問題解決のための目標設定と方策を検討し、CLが受け入れやすいものにすることが大切です。

　提案内容は短期的なものから長期的なものまで、具体的なものから広がりのある柔軟なものまでありますが、【設問3】と整合性のある記述をしてください。

　見立てから方策は、例えば以下のように様々考えることができます。

　・これまでの仕事の棚卸しとキャリアシートの作成

　・自分の経験を活かした今後の仕事選択

　・「やりがいのある仕事」とは何かの自己探索と職業選択

　・これからのマネープラン・キャリアプランの作成

　・子供の成長を考慮しながら中長期的なライフプランの作成

　・CLをとりまく環境の理解とコミュニケーションの促進　　など

　解答のコツは、この後の面談で行うことを順序立てて、詳しく記述するという点に尽きます。順序立てるということは、頭の整理としては、番号を振って箇条書き的に書き出すことも可能だということです。

　「これまでの仕事の棚卸しと今後のキャリアプランの作成」を選んだとしましょう。働きかけを行う順序を、例えば以下のように書き出していくことができます。

＜働きかけの例と順序＞

1）今までに行ってきた仕事の内容を、例えば「もっとも印象に残っている仕事は何ですか？」といった質問をして振り返りを促す。

2）印象に残っている仕事などを通じて「得られたものは？」といった質問をしながら、スキル面や性格面などでの「強み」や「弱み」を自ら把握して頂けるようにする。

3）今後はどのようになって行きたいかという本人の希望をお聞きし、それをもとにキャリアプランを一緒に考えていく。

4）そこでは、本人の「強み」が発揮できるという観点も入れて、現実的な吟味も行う（例えば強みが活きる業界や仕事の内容は何かという観点）。

5）短期的な計画（プラン）と中・長期的な計画に分けて考え、まずは短期的な計画についてより具体的な実現方策を考えていく。

　上記で、1）や2）は、「これまでの仕事の棚卸し」に対応し、また3）以降は「今後のキャリアプランの作成」に対応します。どのような質問を具体的にしていくのかといった、実際の面談で行う働きかけ（やり方）をイメージしながら記載できればいいでしょう。

　あるいは、上記の順序立てた具体的な面談の展開を、頭の中だけで行ってもよいでしょう。それらを6行の解答欄に収まるように記載すれば、この【設問4】の解答も終了です。

3

資格試験の内容と効果的学習法

汎用的・抽象的な言い回しだけの解答にしないように！

　ここで、これから述べることはとても重要です。CC協議会の回答でも、JCDAの回答でも、同じように肝に銘じておいて頂きたいと考えていることなのですが、先の**設問4**の解答を例にとって話をします。

　先ほど「働きかけを行う順序」ということで、網掛けをした1)から5)までの話を再度、読み返してみてください。そこには、問題文(その試験回で出された事例記録)における個別的な内容が一切出てきません。

　解答のコツやノウハウを述べる意図で記述しているので、そうなってしまっているのですが、実際に皆さんが受験者として解答をする場合には、ぜひともそこに、その事例に**特有の個別的な内容**を入れて頂きたいのです。

　例えば、前述の1)についてであれば、以下のようになります。

> 1) 今までに30年間行ってきた営業職の仕事の中で「もっとも印象に残っている仕事は何ですか？」といった質問をして振り返りを促す。

　「30年間」や「営業職」という箇所が、その回の問題文における個別的な内容となります。もしも皆さんが個別的な内容が一切書かれていない解答を作成した場合、採点する側が次のような疑問を抱くかもしれないと、私は心配しています。

　「もしかしたら、この受験者はどのような問題が出たとしても対応できるような汎用的な解答をただ暗記してきており、それをそのまま書いただけなのではないか？」

　本書から解答のノウハウやコツを学んで頂き、それを個別の問題文にも当てはめ、良い答案が書けるようになってください。大事なことは、その回に出題された問題文をよく読み、その**個別性に着目**しながら解答を作成することです。

　口頭の面談でも、まったく同じ問題を抱えた相談者(クライエント)が来られるということはありません。同じ方であっても、毎回問題は異なったものとなっているはずです。そうした個別具体的な問題に**柔軟性をもって対応**していくのが、私たちキャリアコンサルタントなのですから、どこにでも使える型にはめたような面談は行えないのです。それは論述の試験に解答する際にも同様であると、ぜひ心にとめておいてください。

論述問題の解答文が、どんな問題文（出題された事例記録）にも当てはまるような「汎用的な解答文」になってしまわないように注意しましょう。あくまでも、その試験の回で出題された問題文に即した解答文を作成するように心がけてください。

3

JCDAでは異なった面談の違いを解答させることで技量を判断

　JCDAの論述問題では、CC協議会の問題のように「システマティック・アプローチ」の流れが必ずしも意識されているわけではないように思われます。

　設問の特徴は、「2つの異なった面談を対比させて、その違いを解答させる」といった方式を通じて、面談をどのように行うかについての受験者の技量を判定しようとしている点にあります。

①指定語句があることで解答が書きやすくなる場合もある[問い1]

　[問い1]は、事例Ⅰの逐語録（事例記録）と、事例Ⅱの逐語録を対比させて、その違いを**指定された数個の語句を使用**して記述せよという問題です。

　事例Ⅰと事例Ⅱの前には、事例Ⅰ・Ⅱに共通する部分の逐語録が掲載されており、ある時点からその面談（逐語録）が2つに分岐するという設問文になっています（図表23参照）。

　事例Ⅰと事例Ⅱは、違ったキャリアコンサルタントのものであるという設定になっており、一方が「より相応（ふさわ）しい」もので、もう一方が「相応しくない」ものとなっています（今までの出題傾向では、事例Ⅱが「相応しい」場合がほとんどでした）。

　「事例Ⅰはこのような理由で相応しくない。それに対して、事例Ⅱはこのような理由で相応しい」という内容を、この問題では指定語句5～6句を用いて説明するようになっています。そして、この**指定語句は毎回異なります**。これまで例えば、以下のような語句が指定されてきました。

> **＜指定語句の例＞**
> 自己探索、自問自答、共有化、気づき、個々の問題、ものの見方、背景、一般化、価値観、助言、問題解決、経験、提案、感情　　など

受験者の中には、このように語句を指定されて文章を書かされるのは難しいと感じる人と、逆に、むしろ書きやすいと感じる人がいるようです。これはそれぞれの感じ方なので、一般化して言うことはできません。

よく「**どちらの団体で受験した方がいいでしょうか**」という質問を受けるのですが、最近では「それは相性ですので、過去問をいくつか解いてみて、解きやすいと感じた方にされたらどうですか」とお応えしています（3回分の過去問はインターネット上ですぐに検索ができ、誰でもすぐにダウンロードできるようになっています）。

一概には言えませんが、指定語句がある方がいいと感じる方は、ある程度その使い方を事前に押さえているので、解きやすいと感じているのではないでしょうか。

例えば、図表25のように整理してみましょう。

▼ 図表25：「相応しくない」「相応しい」ことの説明に使われやすい語句

「相応しくない」ことの説明に使われやすい語句	「相応しい」ことの説明に使われやすい語句
・問題解決 ・助言 ・経験 ・価値観 ・一般化　　など	・自己探索（自問自答） ・感情 ・共有化 ・気づき ・個々の問題　　など

なぜ「問題解決」や「助言」などが「相応しくない」ことの説明に使われやすい語句なのかというと、次のような解答文を思い浮かべることができるからです。

> 　事例ⅠのCCt（キャリアコンサルタント）は、自身の経験から導かれた価値観を一般化して、CL（クライエント）に対して助言をし、性急に問題解決に至ろうとしている。

　もちろん、実際の解答文では、前の項目で注意を促したように、**個別具体的**な内容が記載されることが肝要です。例えば「……CLに対して、仕事に慣れないという問題は時間が解決することがほとんどなので、最低でも3年間は今の職場にいた方がいい、といった助言をし、……」といった形です。しかし、あるパターンがあれば書きやすいということにはなるのでしょう。

　したがって、この設問における解答のコツは、「比較的使われやすい語句の文例パターンの骨組みを把握して使えるようにしておき、それを個別具体的な設問の逐語録の内容に合わせて肉付けをしていく」といったことになると思われます。

　「相応しい」ことの説明に比較的使われやすい語句の方はどうでしょうか。以下のような文例が思い浮かびます。

> 　事例ⅡのCCtは、CLの感情にも十分に共感を示した上で、CLが抱えている個々の問題をCLの立場にたって共有化し、適切な質問をすることによって、CLが自己探索（自問自答）を進められるように促し、気づきを得られるように働きかけている。

　もちろん、語句の使い方は自由です。したがって、例えば直近の文例についても、逆に事例Ⅰの相応しくない事例の説明として、次のように使うことも可能でしょう。

> 　事例ⅠのCCtは、CLの感情にも十分に共感を示すことをせずに、CLが抱えている個々の問題をCLの立場にたって共有化するということができていない。CLが自己探索（自問自答）を進められるように促す質問ができておらず、よってCLに気づきをもたらすことができないでいる。

　上記のような使用例とはまったく別の使用例ももちろん可能なので、そうした自由な裁量ができるのが、この設問の解答ということになります。

　この設問に対しての解答欄は6行あり、これはJCDAの設問の中ではもっとも多くの行数が割かれている問題です（それだけ重要視されている問題であるとも解釈できます）。

　私が行っている受験対策講座では、この問題は [問い2] や [問い3] を解いてから、あるいは [問い4] まで解いてから最後に記述してもよいのではないかとアドバイスしています。他の問題を解いた上でこの問題に当たることで、目配りで落ちるところがなくなるといった利点があると思っているからです。

　もちろんこれも相性の問題です。順番どおり最初にこの問題を解き始める方が、このJCDAの設問の全体像が理解でき、その後の問題の解答もしやすくなるという方もおられます。

②相応しいか否かは自動的に決まり、理由には具体的内容を入れる [問い2]

　[問い2] は、事例Ⅰの逐語録（事例記録）や事例Ⅱの逐語録の中で、下線が引かれた3つのキャリアコンサルタント（CCt）の応答のそれぞれについて、「**相応しい**」か「**相応しくない**」かについての答えを出した（どちらかに丸を付けた）上で、その**理由**を書くようになっている問題です。理由を書く欄の行数は2行です。

　解答のコツは、「相応しい」か「相応しくない」かについては、もしも事例Ⅰ全体が相応しくない事例であったならば、事例Ⅰの中のCCtの発言（下線部）も「相応しくない」となることです。また逆に、事例Ⅱがもしも全体として相応しい事例であるならば、事例Ⅱの中のCCtの発言（下線部）も「相応しい」となる点です。

　理由の記述は、[問い1] で記述する内容と重なる場合も多いと考えられます。ここでも「問題解決を性急にしすぎている」や「CLの感情に十分に共感できていない」といった表現が使われることが多いように思います。

　しかしながら、汎用的でどんな問題にも当てはまる解答を記述するのではなく、「キャリアコンサルタントはこのような発言をしており、問題解決を急ぎ過ぎている」といったように、下線部の「このような発言」の部分にぜひ**具体的な内容**を記述した解答としてください。

③重要なキャリアコンサルタントの「見立て」を1 〜 2個記載する [問い3]

　[問い3] は、CC協議会の設問における【設問3】と同様の問題です。

　本書では「見立て」という用語を使って、その問題について解説していますが、論述試験の中には「見立て」という用語は一切出現しません。JCDAの [問い3] における設問の文章は、「キャリアコンサルタントとして、あなたが考える相談者の問題と思われる点を解答欄に記述せよ」となっています。CC協議会の【設問3】もほぼJCDAと同様の言い回しです。

　いみじくも、2つの団体がほぼ同様の言い方で、同じ設問をしているわけです。この「**キャリアコンサルタントが考える相談者の問題（見立て）**」は、キャリアコンサ

ルティングを行っていく上で非常に重要な要素であるという点をご理解ください。

　解答のコツはCC協議会の場合と同様なので、CC協議会の【設問3】の箇所を参照してください。ただし、【設問3】（CC協議会）では5行の解答欄がありましたが、JCDAでは3行となっています。

　「見立て」については、2つの見立てを理由まで述べた上で記載できるかどうかは微妙なところです。問題文（逐語録）に即した形で、見立ての理由までしっかりと具体的に記載した上で書いた場合には、一つの見立てしか書けなくなったとしても、それはそれでよいのではないかと私は考えています。

　採点の基準が明らかにされていないために何とも言えませんが、一方で、想定できる「見立て」はなるべくすべて記載した方がよいという意見もあるかもしれません。簡潔に説得力のある理由が記された上で、3〜4個の見立てを書くことは、字の大きさを（もちろん読める範囲で）ある程度で小さくしていけば、可能になるとも言えます。

　しかしながら、次の[問い4]の**解答との整合性**を考えれば、結論としては、「2つあるいは場合によって1つの主要な見立てを記載するのがよい」ということになると思います。

④前問の見立てをベースに「目標」と「方策」を記述する[問い4]

　[問い4]は、「事例Ⅱのやりとりについて、あなたなら今後どのようなやりとりを面談で展開するか、具体的に解答欄に記述せよ」という問題です。

　事例Ⅱのやりとりの**その後の「展開」**をどうするかについて解答をするわけですが、事例Ⅱは「より相応しい」とされた事例です。その相応しい事例は、面談の途中で記載が途切れており（「後略」となっており）、その後を続けるようにという問題です。

面談のその後の展開がどうなっていくかは、キャリアコンサルタントが相談者の問題をどう「見立てるか」によって、大きく左右されます。それだけ「見立て」は面談を進めていくにあたっては重要な要素となるのです。

　これは、CC協議会の設問における【設問4】と同様の問題と考えることもできます。図表24にあるキャリアコンサルティングの流れで言うと「④**目標の設定**」と「⑤**具体的方策**」について記述していくことが妥当な解答となります。

　[問い3]ではキャリアコンサルタントの「見立て」を記述しているので、それに沿った形でその後の展開を考えていくことが必要です。

　[問い3]で記述した見立てが1つであれば、その見立てに沿った形でのその後の展開を記載します。2つ書いたのだとしたら、この[問い4]でもその2つについて言及した方がよいというのが私の考えです。

　いずれにしても、この設問における解答のコツは、「……を目標とし、……」といった表現で、冒頭に「目標の設定」を記載することです。

　例えば[問い3]で、「自己理解の不足」という見立てを理由とともに記述しているのだとしたら、この[問い4]ではそれに対応する形で、「これまでの仕事の棚卸しと今後のキャリアプランの作成を目標として具体的な支援をしていく。まずは……」といった表現を書き込んでいくこととなります。

　「まずは……」の次には、「具体的にこうしたことをしていく」という内容（展開）を書いて行くのですが、その内容については、CC協議会の【設問4】の箇所で記載した＜働きかけの例と順序＞と同様と考えてください。

　もしも[問い3]で2つの見立てを記述したのだとしたら、行数には注意しながら、2つの目の見立てについての記述も書けるようになった方がよいと考えます。

論述の点数を上げるには過去問に何度も解答してみる

　論述試験で良い点数を獲得するには、本書で書いたような各設問に対しての解答指針などを参考にしつつ、**できるだけ多くの過去問を実際に解答**してみることが近道です。

　本番さながらに時間を測って、その時間内に実際の解答用紙に記載してみて、どのように書けるかを何度も繰り返していけば、確実に実力はアップしていきます。

　過去問については、インターネット上で過去3回分についてはすぐに取り出せるようになっています。3回分は終わってしまったという方は、再度同じ回の問題に挑戦してみるのもよいかもしれません。**2回目、3回目と、同じ問題を行う**ことで、以前は気づかなかった逐語録のある部分に気づくとか、新たな「見立て」が立ち現れて来るということもあります。

　論述試験の場合には、講師クラスの人が模範解答を提示している場合もあります。本書の姉妹本である『国家資格キャリアコンサルタント実技試験（面接・論述）実践テキスト』の論述問題対策の章でも、CC協議会、JCDAの2団体の問題に即したオリジナル問題が各2題ずつ出題されています。模範解答も示されていますので、自身の解答と比べて違いを考えてみるのもとてもよい学習法となると思います。

　試験実施団体から模範解答が示されているわけではないので、講師によって見解が異なる場合もあります。試験実施団体が採点基準も明示していないので、どの見解が妥当なのかについては、残念ながら結論を出すことはできないのです。そのため、これは皆さん自身が判断するしかありません。

3

資格試験の内容と効果的学習法

講師によって、論述試験の答え方についての見解は違う場合があります。模範解答も大きく異なることがあります。試験実施団体によって採点基準が公開されていないので、何が正答なのかは実はわからないのです。

5 面接試験の効果的学習法

評価項目は2団体で異なるが実態は同じ

　　CC協議会とJCDAの2団体は、以下のように面接試験の評価項目を公表しています。

> ＜面接試験の評価項目＞
> **CC協議会**：「態度」、「展開」、「自己評価」
> **JCDA**：「主訴・問題の把握」、「具体的展開」、「傾聴」

　　一見すると、かなり異なった評価項目のように見えますが、ともに2つ目にある**「展開」**と**「具体的展開」**は同じ項目ですし、他の2項目も以下のように考えれば、同じような項目に見えてきます。

　　まず、CC協議会の最初にある**「態度」**ですが、これは「基本的な態度」などとも呼ばれるもので、相談者との人間関係をしっかりと作るために必要な要素です。そこでは傾聴の姿勢も重視されます。その意味では、JCDAの3つ目の項目にある**「傾聴」**に通じるものと見ることができます。

　　残った**「自己評価」**と**「主訴・問題の把握」**は、たしかに異なる項目です。しかし、CC協議会がいう「自己評価」が、受験者が自身の面談（15分間のカウンセリング）をどのように自己評価しているかということであると捉えれば、それはJCDAのいう「主訴・問題の把握」にもつながってきます。

　　15分間の面談後には「口頭試問」の時間が5分ほど設けられています。そこで受験者は今行ったばかりの面談について「相談者の主訴を何だったか、キャリアコンサルタントから見た相談者の問題は何か」等の質問に答えていくことになります。その答え方がCC協議会のいう「自己評価」という項目であるとするならば、それはまさしくJCDAの「主訴・問題の把握」という項目と重なってきます。

　　実態としても、私は何人もの受験者の方々を指導して、その方の面談のスキルも

把握しているつもりですが、「この方は、こちらの団体では不合格だったが、もしもあちらの団体で受ければ合格したのに……」などと思ったことは今まで一度もありません。同じ採点基準で試験は実施されていると思っています。

150点満点中90点の合格ラインをどう超えるか

　合格に向けては、面接試験の3つの評価区分の1つ1つで「満点の40％以上の得点が必要」とされており、論述試験も含めた実技試験全体（論述＋面接）で90点（150点満点）以上を取ることで合格とみなされます。

　論述は50点満点ですので、面接試験の満点は100点となります。3つの評価基準のそれぞれが、仮に合格点すれすれの40点、40点、40点だったとすれば、平均点は40点となります（ただし、これは3つの評価項目の平均点が面接試験全体の点数になると仮定した場合の計算。実際には公表されていないので、異なった採点方向が採用されている場合もありうる）。面接試験は合格ということになるのでしょうが、論述では満点の50点を取らない限り90点の合格ラインには到達しないということになります。

　逆に論述試験が合格点すれすれの20点（50点満点の40％）であった場合には、面接試験で70点を獲得する必要が出てくるのです。

　150点満点に対して90点という合格ラインは、ちょうど6割ということなので、論述が30点で面接が60点、その合計が90点という点数が、どちらかに偏ることのない形での合格ラインの最低点ということになります。

　なお、私が主催している養成講座を修了して1回目の受験で合格した方が、合格点数を教えてくださることもあるのですが、今までにお聞きした中で最も高い点数は、論述が39点で面接が78点、合計点数が117点でした。ともに満点の8割近い点数を、論述・面接のどちらかに偏ることなく取ったことになります。

　合格ラインを超えるには、論述と面接のどちらかに偏るのではなく、どちらとも点数を上げるようにするのが良いと考えています。もっとも本来、論述と学科は同じ技量を測るものであり、どちらかに偏った点数になること自体がおかしなことなのです。

▼ 図表26:「実技試験」で合格するために必要な取得点数

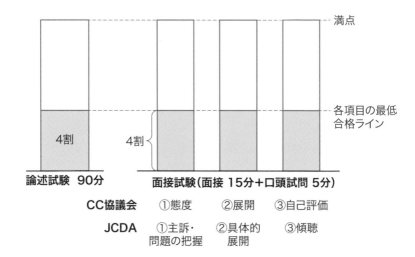

論述試験および面接試験の3つの各項目で満点の4割以上の点数を取得

満点

各項目の最低
合格ライン

4割　　　4割

論述試験　90分　　　面接試験（面接 15分＋口頭試問 5分）

CC協議会	①態度	②展開	③自己評価
JCDA	①主訴・問題の把握	②具体的展開	③傾聴

各項目で合格ラインに達していても、合計点が90点以上にならないと不合格

実技試験（論述＋面接）全体で満点150点のうち6割（90点）以上の点数を取得

合格ライン　　　　満点 150点

90点（6割）

論述50点（満点）　　　面接100点（満点）

核となる力はカウンセリング力、書く力や話す力は表面的なもの

　論述試験では書いた答案が評価されますが、面接試験ではどのような面談や口頭試問を行ったかが評価されます。書くことではなく、話すことやその時の態度などが評価の対象とされています。

　書く力と、話す力や態度は別物であると思われる方もおられるでしょう。たしかに、書く力と話す力や態度は、異なった表現のスキルです。しかし、そうした表現を通じて問われているのは、**キャリアコンサルタントとしての技量**です。書く力や話す力そのものが問われているわけではありません。

　論述試験でも面接試験でも、共通して問われる力は「**カウンセリング力**」です。カウンセリングする力こそが、核となる力だといえます。その核となる力をどのように表現するかという段階で、一つは「書く」という形で論述試験があり、一つは「話す」という形で面接試験があるということになります。

　書く力と話す力とでは、あえてどちらがより重要かと問われれば、自身の体験から言えば、話す力や態度の方がより重要と思います。

　私たちキャリアコンサルタントの主要な仕事は、相談に来られた方と話をすること、つまりカウンセリングを行うことで成り立っています。文章を書いてやりとりする形でのカウンセリングも新聞や雑誌の人生相談のように想定することはできますが、私たちの主要な活動ではありません。そう考えると、話す力やその時の態度がいかにスキルとして向上するかが重要となってきます。

　ただ、私自身がどのようにしてそうしたスキルを上げてきたかを振り返ってみると、論述試験の問題を解く練習も役立ったと思っています。書くことを通じて、自分が行っている**カウンセリングを客観視**できるようになり、そこで得た「もっとこうした方がよかったのではないか」といった気づきを、実際のカウンセリングに反映することができたからです。

カウンセリング力とは「傾聴力」と「質問力」

　カウンセリングの際にキーとなる力は、私は**傾聴力**と**質問力**だと考えています。
　「傾聴」とは、他人の話をよく聴くことです。相手の立場に立って、その方と同じように感じ、また考えられるようになる「**共感できる力**」です。
　たとえ、その方の思っていることや考えていることがカウンセラー自身の価値

観と異なっていたとしても、「その方はこのように考え感じる人なのだ」と受け入れられる力（**受容する力**）が必要です。

　単にその方の話を音声として「聞く」のではなく、受容し、また共感して「聴く」力が必要とされます。それを「傾聴力」と言っています。

　「質問力」とは、相談に来た方が抱えている問題が解決に近づくように、効果的な質問ができるようになる力です。

　私たちキャリアコンサルタントは、カウンセリングの場面で多くの場合、アドバイスや助言をしません。ましてや、指示や命令に近いことは言わないことがほとんどです。では何をするかというと、「……については、どのように思っておられるのですか？」とか「先ほどは……のように言われていましたが、それと今言われた……はどう違うのですか？」といった質問をしていくことが多くなります。

　そのようにして、相談に来られた方が、ご自身で頭を整理したり、また自分の**考えや意思を明確にできるように手助け**するのです。

　ここでは、質問する時の態度や姿勢も重要となってきます。**真摯な態度**、あるいは**謙虚な姿勢**が重要だと私は思っています。

　例えば「なぜこんなこともできないのですか？」という質問は、真摯な態度ではなく、相手に対する批判が感じられます。あるいは「このように考えることはできませんか？」という言い方は、指示・命令に近くなっている場合もあります。「上から目線」で発せられたような時です。それでは謙虚な姿勢から出た質問とは言えないでしょう。

　文字にすると、同じ「このように考えることはできませんか？」という言い方でも、相手と**同じ目線に立って、相手と同じように悩んだ末に発せられる**場合であれば、「上から目線」的な言い方とは違ったニュアンスで相手に伝わることもあります。そうした質問であれば、謙虚な姿勢から出た質問といえるでしょう。

面談試験で発揮して頂きたいのは「傾聴力」と「質問力」です。
「傾聴力」とは、相手を受け入れ、共感して、しっかりと話を聴ける力。
「質問力」とは、謙虚な姿勢で問いかけを発し、相手の意思決定を支援できる力。

ロールプレイ練習ではチェック項目についてフィードバックをもらう

　傾聴力や質問力は、どのようにしたら身につくのでしょうか。一般によく言われるのは、「たくさん練習しなさい」ということです。この練習とは面談の練習ということで、一対一のロールプレイを数多く行えば、実力が向上するという意味です。

　ロールプレイは、ロール（役割）を決めて演じる（プレイ）という意味ですから、練習相手の人にクライエント（悩みを相談に来た方）の役をやってもらい、自分はキャリアコンサルタント役をやる形で15分間の面談をするということです。

　たしかに試験に受かるためには、このような練習をすることは効果的だと思います。何度も練習をしていれば、15分間という試験時間の感触もつかめるようになるでしょう。「よくない点が見つかったら、次回はそれを直していこう」という目標をもって、再度ロールプレイをしていくわけですから、確実にスキルが向上して行くと思います。

　クライエント役をやってくれる人が、養成講習で一緒になった人であれば、同じように勉強をしてきた仲間なのですから、面談での良かった点や改善すべき点を指摘してもらえます。お互いに「**フィードバック**」をしあうことができます。

　フィードバックの際には、本書の姉妹本である『国家資格キャリアコンサルタント実技試験（面接・論述）実践テキスト』に掲載されている面談の「チェック項目」を参照して、コメントをしていくのもよいかもしれません。

▼ 図表27：面談のチェック項目（『国家資格キャリアコンサルタント実技試験（面接・論述）実践テキスト』より一部抜粋）

A 面接の出だしにおける応対（繰り返しと共感）

□□□　クライエントの話を聞いて、まずは、その話を繰り返して話すことができますか。

□□□　その際には、声のトーンにも留意して、クライエントに、「あなたの話をしっかりと聞いていますよ（あなたの話がぜひお聞きしたいです）」ということが伝わるようにできていますか。

B 気持ち・感情を聞く、事実・出来事（事柄）を聞く

□□□　クライエントの話のなかで、気持ちや感情が表れている言葉に着目することができていますか。

　この時、すべての「チェック項目」を確認していったのでは時間がかかり過ぎてしまう場合は、自分ができていないと思う項目をクライエント役の方やオブザーバー（2人の面談を見てくれている観察者）に事前に伝えておき、練習後にその点についてフィードバックをもらうようにしたらよいと思います。

　オブザーバーがいる練習も、複数の人からのフィードバックがもらえるという点では効果的です。クライエント役からのフィードバックは、クライエントになりきった人が面談をどう感じたかを伝えてくれるのですから、とても役立つものとなりますが、オブザーバーからのフィードバックもまた有効です。オブザーバーは、クライエントとは別の視点（立場）で、2人のやりとりを客観的に観察してくれます。キャリアコンサルタント役が、事前にチェックしてもらいたい項目を示していれば、さらに適切な、次の面談練習につながるような良いコメントがもらえるのではないでしょうか。

受験仲間や友人にクライエント役をやってもらう。

グループで練習すれば、オブザーバーからの客観的なフィードバックも得られます。

キャリアコンサルティングの勉強は日常生活の中でも十分にできます。

職場や家庭での人間関係の改善に大いに役立つこともあるでしょう。

「キャリアコンサルタントとして生きる」ことで力がアップ

　周囲にロールプレイの練習相手がいないと言う方もいるかもしれません。

　しかし、最近はインターネット上でのコミュニケーションツールも一般化してきて、遠隔地間でもパソコンの画面上で相手の顔を見ながら面談をすることが可能になってきました。そうしたツールを使った練習は、今後の主流になるかもしれません。移動時間がないため時間的なメリットも大きく、今まで以上に数多くの練習をすることができるのではないでしょうか。

　まったく人と面談練習ができずに、独学で勉強をされている方もいるかもしれません。そうした方がカウンセリング力を向上させることは難しいのではないかと私も考えていたのですが、先日少し驚いたことがあります。

　私たちの著書で独学してきたという方が受験対策講座に来られ、私がクライアント役になって訓練を行ったのですが、その方はとても素晴らしい面談をされました。執筆者としてはとても嬉しい体験だったのですが、「今まで誰とも練習をして来なかったのに、よくここまでできるようになりましたね」とお聞きしたら、その方は次のように答えられました。

　「**普段の生活の中で、この本に書いてあることをできるだけ使うようにしていた**」と言うのです。

　たしかに、傾聴力や質問力というカウンセリングの核となる力は、日常生活の中でも十分に使える力です。

　個人的な体験で恐縮ですが、私はキャリアコンサルティングの勉強をすることで、妻との仲を良くすることができました。それまではいつ離婚してもおかしくないような関係だったと反省しているのですが、キャリアコンサルティングの訓練の中で傾聴力を身に付けることで、まず**妻の話をよく聴く**ようになりました。

　妻から「隣の人からこんなことを言われてすごく腹立ったし、どうしたらいいか困っている」といった話をされたとき、以前は「君がもっとこうすればいいんじゃないか」といった反応をしていたのが、傾聴を心がけるようになってからは、まずは話をしっかりと受け止めるようになりました。以前は「こうした方が良い」と言う解決策を示したり、あまり相手の話を聞かずにすぐに助言やアドバイスをしていたのです。妻からすれば、ほとんど指示や命令のように聞こえていたかもしれません。

　ところが、傾聴を心がけるようにシフトしただけで、妻との関係は劇的に変化したのです。相手の話をしっかりと**受け止めて共感**するということが、こんなにも

3

資格試験の内容と効果的学習法

人間関係の上で効果のあることだったのかということを、身をもって感じた体験でした。

　また、同じようなことは会社の中でも起きました。部下の話を途中でさえぎって、すぐに指示やアドバイスを出していた自分が、そうではなくなりました。

　他人の話を途中でさえぎって、すぐに解決策を示そうとする面談は、「**解決志向が高い、良くない面談例**」とされることが多いのですが、まさにその良くないコミュニケーションを私はいつも会社で行っていたというわけです。

　ここでも傾聴力を身に付けることで、周囲との人間関係が変わりました。とくに部下に対しては、「それで君は何がしたいの？」といった質問を意識して投げかけるようにもしました。また、「今相手はどのように感じていると思う？」といった質問などもして、部下が自ら考え、何かを気づくようにといった姿勢で接するようにもなりました。

　そのように、心がけて周囲との人間関係を作っていくことで、私自身のあり方が変わってきたようにも思っています。少し大げさに言えば人生そのものが変わったともいえます。

　つまり、傾聴力や質問力は、改まって時間をとって面談練習を行うことができなかったとしても、日々の日常生活の中で、その力を上げていくことができるのです。キャリアコンサルタントの勉強や訓練は、私自身がそうであったように、普段の生活の中で意識することで、行うことができるのです。その力は、他人との人間関係を変え、人生そのものさえも変えていける可能性を持っています。

　ぜひ「キャリアコンサルタントとしてのあり方」を日常生活そのものの中でも発揮してもらいたいと思っています。そうしたことを通して、自然と面談対策もできるようになると考えています。

第**4**章

多彩なキャリア
コンサルタント活躍の場

　本章では、キャリアコンサルタントの国家資格を取得すると、どのようなメリットがあるかについて説明します。とくに「就職には有利か」「どのような仕事の口があるか」、また「独立・開業や副業・兼業にどう役立つか」といった観点から解説していきます。

　「取ったけれども喰えない」と言われる資格が多い中で、キャリアコンサルタントはそうではないという点を強調したつもりです。

　もちろん、資格を取れば何もしなくても仕事が空から降ってくるというものではありませんが、キャリアコンサルタントにはさまざまな可能性があり、多彩な勤め口があります。「キャリアコンサルタントが活躍できる業務や施設はこんなにある」ということを、いろいろな側面から語っています。

公的機関
—— ハローワークはじめ多数ある就労支援施設

ハローワークはキャリアコンサルタントの代表的な仕事の場

　キャリアコンサルタントの仕事を比較的身近に感じることができるのは、皆さんが**ハローワーク**を訪れた時ではないでしょうか。勤めていた会社を辞めるなどして、次の仕事を探す時には、ハローワークの窓口に行くことも多いと思います。その時に対応してくれるハローワークの職員は、比較的接することの多いキャリアコンサルタントではないでしょうか。

　私は職業訓練校の代表も務めているので、その関係でよくハローワークを訪問します。就職支援の窓口におられるスタッフの方は、40代の女性であったり、60代と思われる男性であったりいろいろですが、キャリアコンサルタントの国家資格をお持ちの方が多いようです。キャリアコンサルタントが国家資格になって間もない頃は、スタッフの方たちが皆資格を持っているというわけでもなかったようで、ハローワークの職員の方たちの間で自主的な資格取得のための勉強会が行われていたということもあったようです。
　いずれにしても、ハローワーク（公共職業安定所）はキャリアコンサルタントにとっての代表的な仕事の場の一つといえます。

　そもそもハローワークはどのような仕事をしているのでしょうか。ハローワークの正式な名称は「公共職業安定所」であり、「職業安定」という用語は**職業安定法**という国の法律によって規定されている言葉です。
　職業安定法の中には、以下のような文言があります。

> 　各人にその有する能力に適合する職業に就く機会を与え、及び産業に必要な労働力を充足し、もって職業の安定を図るとともに、経済及び社会の発展に寄与することを目的とする（第1条）。

　国民一人一人がその能力に合った職業に就いて、産業に必要な労働力が足りて

いる——。そうした状態が「職業が安定していること」と表現されていることがわかります。「国民に**安定した雇用機会を確保**する」といった言葉使いがされることもあります。

　ハローワークは職業安定のために国が設置している中心的な施設なのですから、第一の仕事は職業の安定を担うこと、つまり「一人一人がその能力に合った職業に就いて、企業などの雇う側も人員が足りているようにする」ことになります。これはハローワークの**職業紹介事業**と呼ばれます。具体的には、仕事を探している求職者と、働く人を探している企業等をマッチングする事業です。
　この事業では、仕事を探している求職者を対象とした「求職窓口」と、働く人を募集したい企業などを対象とした「求人窓口」があります。

　求職窓口に従事する職員は、求職中の人が希望している働き口や働き方についての情報を聞き、その人に合った仕事の情報を一緒に探したり、求職に役立つ情報を提供したり、時にはその人にアドバイスや助言をしたりします。
　求職中の人の中には、「これから自分はどういう方向で仕事をしていったらいいのか、わからなくなってしまいました」といった人もいます。そうした人には時間をとって**カウンセリング的な面談**をすることもあります。こうした業務は、まさにキャリアコンサルタントが担う中心的な仕事の一つと言えます。

　求人窓口では、会社の人事担当者や中小企業の経営者などに対応する機会が多くなります。企業側は「欲しい人材は営業マンや経理スタッフ」というような具体的なイメージを持って求人の登録に来所します。
　しかし中には、人材のイメージがあいまいな場合があります。そのようなときには、「**どのような人材が必要なのか**」を面談する中で明確にし、さらに「どのように**求人票**に記載したらいいか」をアドバイスすることもあります。こうした業務は、キャリアコンサルタントとして学んだ知識や知見が活きてくる、まさにキャリアコンサルタントが担うに値する仕事と言えます。

ハローワークの求職者向けサービスのいろいろ

　ハローワークでは、職業紹介・マッチングの他にも、数多くのサービスを行っています。求職者向けのサービスとしては、まず挙げられるのが「**雇用保険**の給付手続き」です。仕事を辞めたときに給付される失業保険の給付を扱う窓口です。他にも、「職業訓練の情報提供や斡旋」の窓口がありますし、また**教育訓練**を受ける

4

多彩なキャリアコンサルタント活躍の場

際に給付金が貰えるようになる窓口もあります。

　職業訓練は、求職者であれば基本的に誰でも、無料かごく低額で受けることができる職業能力アップのための訓練です。就職を目標として受ける公的訓練で、国が行っている求職者支援訓練や、都道府県が行っている委託訓練などがあります。

　本格的な職業スキルを習得するための2年間の訓練から2か月程度の短い訓練まで、多様な訓練のメニューが用意されており、求職者と面談をして、その人と合った訓練の情報を提供していくのもハローワークの窓口スタッフの仕事です。この役割なども、キャリアコンサルタントに適した仕事と言えるでしょう。

　職業訓練には、キャリアコンサルティングに関連した訓練メニューもあります。例えば「**キャリアカウンセラー養成科**」といった訓練です。3〜4か月受講したからといって、国家資格キャリアコンサルタントの受験資格が得られるようになるというものではありませんが、受講料無料でキャリアカウンセリングの基礎や実践スキルを学ぶことができます。「傾聴力や質問力が高まることで、小売業や営業職への転職がしやすくなる」といったことが掲げられていますが、国家資格キャリアコンサルタントの受験にも役立つでしょう。

　一方、**教育訓練給付金**は、求職中の人が対象ではなく、原則として現在勤めている人が対象となる給付金です。雇用保険に一定期間以上加入している人、あるいは加入していた人が、要件にあてはまれば、能力開発のために研修や訓練を受けるときに国からもらえる給付です。国家資格を取得するための講習などには、この給付金の対象講座となっているものが数多く存在します。

　本書の内容に関連する話では、「キャリアコンサルタント養成講習」を受講する際に、受講料の最大7割までが国から給付される「**専門実践教育訓練給付金**」があります。そうした窓口もハローワークにあるのです。

　また、「**雇用継続給付**」と呼ばれる給付金もあります。例えば、60歳を超えて働く人がそれまでの給与が3割以上減額された場合に給付金が貰える「高年齢者雇用継続給付」などです。他には「育児休業給付」や「介護休業給付」があります。

事業主向けにもサービスを提供するハローワーク

　ハローワークでは、企業をはじめとした事業主向けにもいくつかのサービスを提供しています。ハローワークは、これまで述べた求職者とのマッチングを行う人材紹介サービスがまずは代表的な仕事ですが、他にも事業主に対する給付金や

助成金支給の窓口となっているなど、雇用を守る（職業の安定）という観点から事業主に対する支援業務を行っています。

　企業に対する代表的な助成金は「**雇用調整助成金**」でしょう。不況時などに、何とか雇用を続けて、人を辞めさせないようにしたときに給付される助成金です。
　一方、高齢者や障害者、母子家庭の母など、一般に就職が困難だとされている人材の雇用を促進させるために設けられている助成金もあります。そうした人材（特定求職者）を雇用した際に企業に支給される助成金です。
　また、従業員の能力開発につながるような研修等を実施した際にも助成金が用意されています。「**人材開発支援助成金**」といった名称で呼ばれているものです。

　ハローワーク内には、こうした雇用にまつわる助成金や、従業員への人材開発に対して支給される助成金の窓口もあるのです。こうした窓口の仕事もキャリアコンサルタントの仕事の一つと考えられます。
　ハローワークは、各窓口の職員の採用にあたり、必ずしもキャリアコンサルタントの国家資格所持を基準とはしていませんので、無資格者でも応募はできます。しかしキャリアコンサルタントとしての知見やスキルがあれば、有効なアピールポイントになると言えるでしょう。

▼ **図表28：ハローワークの主な仕事内容**

求職者向けサービス	事業者向けサービス
○職業紹介・マッチング業務○	
○雇用保険（失業保険）の給付	○雇用保険の加入手続き
○職業訓練の情報提供や斡旋	○給付金・助成金の支給窓口
○教育訓練給付金の給付	－雇用調整助成金
○雇用継続給付金の給付	－特定求職者雇用開発助成金
－高年齢者雇用継続	－障害者雇用安定助成金
－育児休業	－人材開発支援助成金　など
－介護休業	○雇用維持に係る支援や指導
○求職者に対する住宅・生活支援	○障害者の雇用率達成指導

4

多彩なキャリアコンサルタント活躍の場

> キャリアコンサルタント資格がなくて
> も、ハローワーク職員への応募はで
> きますが、国家資格の保有は十分に
> 強いアピールとなるはずです。

4

多彩なキャリアコンサルタント活躍の場

「新卒応援ハローワーク」や「わかものハローワーク」などもある

　ハローワークの数は、出張所や分室も含めて日本全国で500か所を超えます。その中には「**新卒応援ハローワーク**」や「**わかものハローワーク**」、また「**マザーズハローワーク**」もあります。こうした対象を絞ったハローワークは、独立した一つの施設としてある場合と、昔からあるハローワークに隣接して設置されている場合とがあります。主に3大都市圏を中心に設定されている場合が多いようです。

　こうしたハローワークの業務は、国が直轄で行うのではなく、アウトソーシングをして民間企業が行う場合が多くなってきています。例えば、「わかものハローワーク」の運営を担う民間企業を公募して、1〜3年単位で国が運営を委託するわけです。**業務を請け負う民間企業**は、人材派遣業や人材研修業務などを行っている総合人材系企業や、資格取得の学校を運営しているような教育会社だったりします。

　こうした企業は、ハローワークの**業務を受託**することが決まった時点で、求人を開始します。キャリアコンサルタントを中心にして、人材を広く求めていくのです。雇用形態は多くの場合、契約社員という形です。つまり、1年契約や3年契約という期間が定められた雇用です。国からの業務受託期間に合わせた形で設定されているからです。

　キャリアコンサルタントとしては、1〜3年間ハローワークに勤務したという実績となります。「わかものハローワーク」自体が廃止されることは少ないので、同じ企業が継続してもう1〜3年間、業務受託請け負うという可能性もあります。その場合は、より長い期間、契約社員としてハローワーク勤務を続けられるかもしれません。

ジョブカフェは都道府県が設置するワンストップの就職サポート施設

　公的な就業支援施設ということでは、他にも「**ジョブカフェ**」と呼ばれる施設があります。ジョブカフェは、都道府県が主体的に設置する、若者の就職支援をワンストップで行う施設と位置づけられています。正式名称は「**若年者のためのワンストップサービスセンター**」です。

　各都道府県によって施設の呼び名はまちまちで、「ジョブカフェあおもり」や「ならジョブカフェ」などジョブカフェをそのまま名称にしているところもあれば、「しずおかジョブステーション」「とちぎジョブモール」「京都ジョブパーク」など、ジョブという言葉は使っているものの独自の名称を付けているところもあります。

　「就職」や「仕事」、「ワーク」といった言葉を使っている施設もあります。「ふるさと福島就職情報センター」「おかやま若者就職支援センター」「愛媛県若年者就職支援センター（愛work）」などは就職や就職支援を前面に出しています。

　「東京しごとセンター」をはじめ、「福岡県若者しごとサポートセンター」「おしごと広場みえ」「ひょうご・しごと情報広場」などは皆ひらがなですが、仕事（しごと）を使っています。「若者しごと館」は新潟県が設置しているジョブカフェです。

　ワークを使う自治体もあります。「フレッシュワーク長崎」や「わーくわくネットひろしま」、「鹿児島県若者就職サポートセンター」の愛称である「キャッチワークかごしま」などです。

　キャリアを冠しているジョブカフェには、「ヤングキャリアセンター埼玉」や「沖縄県キャリアセンター」などがあります。

　ジョブカフェの特徴はワンストップサービスという点にありますが、「仕事だけでなく、より幅広い支援をします」というイメージを打ち出している施設もあります。「おうみ若者未来サポートセンター」や「岐阜県総合人材チャレンジセンター」、「いばらき就職・生活総合支援センター」などがそれにあたるでしょう。

　厚生労働省のホームページには、「都道府県の要望に応じてジョブカフェにハ

ローワークを併設し、職業紹介等を行うなど、都道府県と連携しながら支援に取り組んでいます」との記述があります。若者が自分に合った仕事を見つけるためのいろいろなサービスを1か所で、もちろんすべて無料で受けられる場所がジョブカフェですが、**ハローワークが併設されているジョブカフェ**もあります。ジョブカフェは県庁所在地にある場合がほとんどですが、地域によってはサテライトという出張所を作ってサービスを行っているところもあります。

　ジョブカフェは、各地域の特色を活かして、就職セミナーや職場体験、カウンセリングや職業相談、職業紹介などさまざまなサービスを行っており、保護者向けのセミナーも実施しています。また、ジョブカフェには、経済産業省も関わっており、雇用意欲のある中小企業の魅力発信や、若者と企業との交流の場の提供などのサービスが提供されている場合もあります。

　このジョブカフェも、キャリアコンサルタントがその専門性を活かして働くことのできる公的な施設の代表例の一つです。

全国の「ジョブカフェ」には、本当にいろいろな名前が付けられているんですね。ぜひお住まいの都道府県のジョブカフェを調べてみてください。

「サポステ」は国が設けている身近な相談機関

ジョブカフェが各都道府県によって設置されているのに対し、**地域若者サポートステーション**」は、厚生労働省によって全国に設置されている施設です。

厚生労働省のホームページには、以下のように記載があります。

> 地域若者サポートステーション（愛称：「サポステ」）では、働くことに悩みを抱えている15歳〜49歳までの皆さまを対象に、就労に向けた支援を行う機関です。
> 厚生労働省が委託した全国の若者支援の実績やノウハウがある民間団体などが運営しており、全国の方が利用しやすい「身近に相談できる機関」として、全ての都道府県に設置しています（全国177か所）。

さらに、この「サポステ」の支援対象者については、以下のように説明がされています。

> 「働きたいけど、どうしたらよいのかわからない……」、「働きたいけど、自信が持てず一歩を踏み出せない……」、「働きたいけど、コミュニケーションが苦手で……不安」、「働きたいけど、人間関係のつまずきで退職後、ブランクが長くなってしまった……」など、働くことに悩みを抱えている15歳〜49歳までの方の就労を支援しています。

全国にくまなく設置されているサポステには、必ずといってよいほどキャリアコンサルタントが配置されています。

「**コミュニケーション訓練などによるステップアップ**」をキャリアコンサルタントが行うこともあります。また、企業に協力を依頼して就労体験をしてもらえるようにするといった「**就労に向けた支援**」をするのも、キャリアコンサルタントの仕事の一部となっていることも多いと思われます。

サポステの職員は、国家資格キャリアコンサルタントを所持していないと絶対になれないというものではありませんが、キャリアコンサルタントの資格が活きる職種であることは間違いありません。就職にあたっても有利に働くでしょう。

サポステは、厚生労働省が委託した全国の若者支援の実績やノウハウがある民間団体などが運営しています。つまり、運営を任される団体は公募であるという

4

多彩なキャリアコンサルタント活躍の場

ことです。

　全国には、引きこもり状態になってしまった若者に対して就労支援の活動を行っているNPO法人（特定非営利活動法人）がたくさんあります。そうした活動で実績を上げている団体が公募に手をあげ、サポステ運営業務を受託します。株式会社の場合では、人材派遣や紹介業などの人材ビジネスを行っている企業などが応募をしています。

　地域にもよりますが、競争の激しいところでは数団体以上から応募があり、応募書類に記載された企画内容などが審査されます。このようなコンペティションを勝ち抜いた団体（NPO法人や株式会社など）がサポステ業務を受託するという流れになっているのです。

　受託が決まった団体は、新たに職員を募集することがほとんどです。「来年度から1年契約で勤務しませんか」といった求人のことが多く、まずは契約社員という形になることが通常ですが、働きぶりが認められて契約満了後は正社員として登用されるという道も開けています。

　こうした職員募集の求人に応募するに際には、**国家資格キャリアコンサルタントを所持していれば有利**になると考えられます。

4

多彩なキャリアコンサルタント活躍の場

2 教育機関
── キャリアセンター勤務には資格が必須

全国のキャリアセンターにキャリアコンサルタントの仕事はある

　全国には800校近くの大学と300校弱の短期大学があり、あわせて1,100校ほどになります。さらに、専門学校はその倍以上である2,800校程度が存在しており、これらを合計すると4,000校近い数となります。いくら少子化で数が減っていくとはいえ、相当の数であることに違いありません。

　これらの学校の大半には**就職を担う部署**があり、こうした部署もキャリアコンサルタントにとっても重要な勤務先と言えます。

　高等教育機関では卒業後の進路は就職となることが多く、就職についての情報が生徒を集められるかどうかを左右することもあります。あの学校は就職率が悪いということになれば、生徒が集まらず経営難に陥ってしまいます。国公立の学校についても同様です。したがって、どの学校も就職に向けての支援は、手厚くしなければならないわけです。

　就職を支援するセクションは、かつては「就職部」や「就職課」などの名称で呼ばれていましたが、今はほとんどの大学が「**キャリアセンター**」や「**キャリア支援室**」、「**キャリアサポートセンター**」などと呼称するようになっています。短大や専門学校もそうした流れにあります。

　こうした部署は、学生に求人情報や業界動向の情報を提供したり、応募書類の書き方を指導したり、就職面接の訓練を行ったり、就職試験の対策を行ったりといった仕事をしています。学生向けの**就職活動セミナー**を実施したり、外部の企業との接点を作って**企業説明会**を学内で開くこともあります。キャリアコンサルタントがそうした仕事を担っていることもありますし、とくに**セミナーの講師**を任されることも多いようです。個々の学生との個別面談もまた、仕事の大きな位置を占めています。

「学生カウンセリング」はキャリアコンサルタントの神髄の仕事

　学生との個別面談は、「学生カウンセリング」と呼ばれたりもします。これはとくにキャリアコンサルタントが得意とする業務で、キャリアコンサルタントにとって神髄ともいえる業務です。

　「マスコミに行きたい」「新聞記者になりたい」「金融か証券に行きたい」「製造業が自分にあっていると思っている」など、学生は多様な相談にきます。就職に向けての不安を語る学生もいます。そうした個々の話に丁寧に耳を傾け、業界の話をしたり、就職試験に向けての心構えを述べたり、時には先輩たちの事例や自身の体験なども語ることもあります。このような**学生カウンセリング（キャリアコンサルティング）**を通じて、学生たちが前向きに就職活動に取り組めるようサポートすることが、キャリアコンサルタントの役割となります。

　学生の中には、そもそもどのような仕事をしたらいいのか、また「したい」のか、まったくわからないという人もいます。そもそも働くことに対して疑問をもち、前向きでない学生さえいます。こうした学生と面談していくのは、キャリアコンサルタントの仕事となります。

　面談の中で、時にはその学生の生い立ちから詳しくお聞きしていくようなこともあります。幼い頃にあこがれていた仕事はなかったのか、やりたいことはなかったのかを聞いてみたり、あるいは魅かれていた趣味や映画、本や雑誌、音楽などを尋ねてみることもあります。そうしたことを通じて、その学生が自ら、自身の興味や関心のありかを**自己認識**し、それをきっかけとして就職についても取り組んでいけるようにフォローしていくのがキャリアコンサルタントの仕事と言えます。

　そもそも働きたくないと言う学生には、その理由を詳しく尋ねていき、**本人が自分なりに答えを出せる**ようにしていきます。

指示・命令的な態度はとらず固定的な考えは封印

　こうしたやり取りの中で私たちキャリアコンサルタントが慎むべきことは、指示・命令的な態度と先入観です。

　指示・命令的な態度とは、言い換えれば「上から目線」のスタンスです。「君はこうした方がいい。こうすべきだ」「その仕事では一生食べていけないから、考え直した方がいい」「そのベンチャー企業よりも、こちらの大手企業を受けた方が安定するんじゃないの」といった対応をしていると、キャリアコンサルタントとしては

（左余白）**4** 多彩なキャリアコンサルタント活躍の場

失格の烙印を押されてしまいます。

　先入観とは、「ベンチャー企業や中小・零細企業よりも、大手企業の方がいい」といった捉え方です。先入観というよりも、世の中のいわゆる常識に囚われているのかもしれません。そうした固定的な見方をしていると、面談での発言は相手に寄り添ったものにはならなくなってしまいます。

　指示・命令的な態度や固定的な考え(先入観)をもっていると、学生から好かれず、次の面談の日時を決めたのにキャンセルされるといったキャリアコンサルタントになってしまいます。

　もちろん、私たちは先輩の事例であったり、一般的な業界の動向であったり、職業の内実などについて、**学生に情報提供**することは往々にしてあります。例えば、事務職と総合職の違いを聞いてくるような学生もいるからです。就職活動をするにあたっての基本的な情報は知ってもらわないといけないからです。しかし、本人の**意思決定**に関わるような事柄については、私たちは強要をすることはもちろんありませんし、また誘導するようなことも控えます。

　もしどうしてもキャリアコンサルタントが自分の意見を言わなければならなくなった場合には、「あくまでも私個人の意見ですが」と前置きをして、強要でも誘導でもない形で相手に伝わるようにします。

　実際、「どう思われますか、先生の意見を聞かせてください」と学生から迫られることはあります。そうした場合に、意見を言うことがその学生にとって役立つと思えたときには、先のように前置きをして意見を言うこともあります。

4

多彩なキャリアコンサルタント活躍の場

学生に就職支援を行うキャリアコンサルタントになるには

　正確な調査データがあるわけではありませんが、大学職員における転職者の割合はそうは多くないと思っています。私の同級生にも出身大学の正職員になった者がいますが、就職試験を受けて、学部卒業後すぐに大学事務局で働き出しました。

　学校の正規職員の方がキャリアセンター勤務になり、そこでキャリアコンサルタントの勉強をして資格を取るというパターンはもちろんあるでしょう。しかし現状を見ると、**キャリアセンター**に勤務しているキャリアコンサルタントは、転職組の正規職員か、あるいは1～3年程度の有期雇用として採用されている契約社員が多いようです。

　契約社員として働いているキャリアコンサルタントの中には、週に何日かの勤務という人もいます。常勤でない場合は、週2～3日ということが多いようです。いわゆるフリーランスのキャリアコンサルタントとして、研修講師や個人としてのキャリアコンサルティング業務など他の仕事もしながら、大学等でキャリアコンサルティング業務を請け負っているというケースも比較的多いように思います。

　大学や短大、専門学校などのキャリアセンターにおける職員の募集は、ハローワークや民間の求人サイトにも情報が上がりますが、正職員（正社員）よりも有期の職員を募集することが多いようです。**国家資格キャリアコンサルタントの資格が必須**とされる場合も多いのが現状です。

　また、大学や短大のキャリアセンターでは、実は多くの仕事をアウトソーシング（外注化）しているという現実があります。図表29は、全国の私立大学220校から回答を得たものですが、**学生カウンセリングを外注化している大学は40%を超え**ており、「就職ガイドブック等の制作委託、購入」を外注している割合（36.4%）よりも高くなっています。

　さらに外注の割合が高いものとして、**「模擬面接などの実践ワーク」**は48.6%、「外部講師を招いての就職セミナー」は何と8割近くにのぼっています。まったく外注をしていない大学は、全体の7%（6.8%）もありませんでした。

　学校が業務を外注するということは、その外注を受ける企業や団体があるということです。学校を対象としたビジネスの裾野は、このデータを見ただけでもかなり広いことがわかります。**キャリアコンサルタントの活躍の場は、そうした外注先の企業や団体にもある**ということになります。

▼ 図表29：アウトソーシングしている業務の割合

業務	割合
・学生カウンセリング	40.9%
・就職ガイドブック等の制作委託、購入	36.4%
・模擬面接などの実践ワーク	48.6%
・外部講師を招いての就職セミナー	78.6%

「キャリアセンター・就職課の就職支援に関する調査」（一般財団法人雇用開発センター）より。全国の私立大学（570校）のキャリアセンターや就職課に郵送で調査を実施し220校からの回答を得たもの。調査時期は2019年4月4日〜5月27日。

　学生との個別面談である「学生カウンセリング」自体を外部の企業や団体に外注しているのですから、キャリアコンサルタントは、学校に採用されるのではなく、業務を受託した企業に採用されるという形になります。

　学生は自校の職員であるキャリアコンサルタントと面談をしたという意識でいるかもしれませんが、実際には業務受託先にいるキャリアコンサルタントとの面談だったということです。

　受託企業や団体には、大手・中堅の人材系企業や、また実績のあるNPO法人などが選ばれる場合が多いようです。大学等で学生支援に当たりたいと希望するキャリアコンサルタントにとっては、大学等の学校だけが勤務先の選択肢ではないということになります。

対学生の就職支援ビジネスは意外に参入障壁が低い

　私が行っているキャリアコンサルタント養成講習を受けて国家資格を取得した20代の男性は、IT企業に務める現役バリバリのプログラマーですが、自身の就職体験を元に、IT企業に就職したいと考えている学生の支援をしています。このときキャリアコンサルティングも行いますので、そうした形で学生の就職支援に携わることも可能です。

　彼は、将来はキャリアコンサルティングの道で独立する事を目指していますが、フリーランス（個人事業者）として仕事をすることもできますし、会社を作るとい

多彩なキャリアコンサルタント活躍の場 4

う方向性ももちろんあるでしょう。国家資格キャリアコンサルタントの資格を元にして、そのような道も開けます。

　学生に対する就職支援のビジネスは、今後も確実にニーズが存在する分野ですし、参入障壁もそれほど高くないと思われます。とくにキャリアコンサルタントの資格を取得しているならば、独立を想定しても、参入障壁はむしろ低いのではないでしょうか。

4

多彩なキャリアコンサルタント活躍の場

自分の体験をベースにして後輩にあたる学生の就職支援をするという副業もありますね。国家資格キャリコンサルタントになれば信用力も付くし、将来の独立開業も考えられます。

第4章 3

一般企業
── 人事総務系で人気急上昇の国家資格

資格保持者の3分の1は企業内キャリアコンサルタント

　国家資格の試験を行っている特定非営利活動法人（NPO法人）キャリアコンサルティング協議会は、資格試験に合格した個人が資格の登録をする機関にもなっています。**キャリアコンサルタント指定登録機関**というわけですが、登録しているキャリアコンサルタントのうち、同協議会が提供しているメールニュースサービスに登録している58,748名を対象にして、実態調査が行われたことがありました（調査期間は2022年7月21日〜8月5日。回収数は7,586通で回収率は12.9%）。

　結果をみると、キャリアコンサルタントの主な活動の場として、もっとも多い割合を占めるのは「**企業**」となっています。その意味では、この第3章でも、キャリアコンサルタントの活躍の場として、まずは「企業」領域を取り上げるべきだったかもしれません。

▼図表30：キャリアコンサルタントの現在の主な活動の場

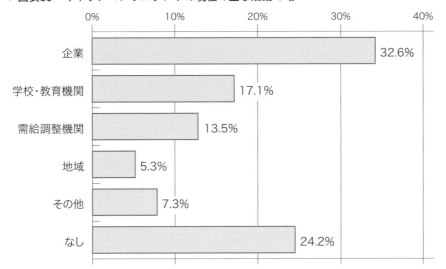

「第2回キャリアコンサルタント登録者の活動状況等に関する調査」
（独立行政法人 労働政策研究・研修機構、労働政策研究報告書 No.227）より引用

毎日キャリアコンサルティング活動をしなくてもいい

しかしながら、なぜハローワークなど（「**需給調整分野**」と呼ばれます）や、大学等の**教育分野**の話からしてきたかというと、実は企業分野にいるキャリアコンサルタントは、あまりキャリアコンサルティングに関連する活動をしていないという実態が調査結果から出てきたためです。

この調査では、「どのくらいの頻度でキャリアコンサルティングに関しての活動をしていますか」という質問に対する回答結果も出ています。

それによると、企業領域で活動するキャリアコンサルタントは、学校・教育機関やハローワークなどの需給調整機関で働くキャリアコンサルタントと比べて、「ほぼ毎日活動している」という回答が極端に低くなっています。需給調整分野で66.0%、学校・教育機関で43.0%となっているところ、企業ではわずか17.1%にとどまっています。

▼ 図表31：「キャリアコンサルティングに関連する活動」の頻度

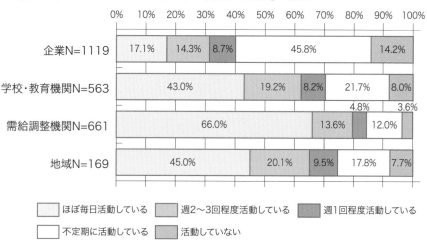

「キャリアコンサルタント登録者の活動状況等に関する調査」
（独立行政法人 労働政策研究・研修機構、労働政策研究報告書 No.200）より引用。

この調査で述べられている「キャリアコンサルティングに関連する活動」とは、次のことを指しています（調査の際に定義されたもの）。

4

多彩なキャリアコンサルタント活躍の場

> ・「キャリアコンサルティング」とは、労働者の職業の選択、職業生活設計又は職業能
> 　力の開発及び向上に関する相談に応じ、助言及び指導を行うことをいいます（職業
> 　能力開発促進法第2条第5項）。おおむね、「キャリア（職業人生や進路など）」に関
> 　する相談をはじめとする支援活動全般をいいます。
> ・個人に対する相談だけでなく、グループワーク等のグループを活用した支援、キャ
> 　リア形成に関するガイダンス・セミナー等の講師、企業の職業能力・キャリア形
> 　成に関する制度の設計・運用や、学校のキャリア教育プログラムの設計・運用等
> 　まで含む概念です（ここでは自己研鑽・能力向上のためのセミナーや研修等への
> 　参加などは含みません）。

　キャリア形成に関連したセミナーの講師を務めることや、職業能力・キャリア
形成に関する制度の設計や運用まで含めて比較的幅広く定義がされていますが、
それでもそうした業務に高い頻度で就いているキャリアコンサルタントは少ない
という実態です。

▼ 図表32：現在の就労状況と主な活動の場の特徴

	企業N=1119	学校・教育機関N=563	需給調整機関N=661
正社員	57.3%	36.4%	19.4%
非正規社員	8.1%	29.1%	59.8%
経営・管理職	11.4%	5.7%	5.0%
キャリアコンサルタントとしてフリー・自営	11.0%	18.3%	9.7%
キャリアコンサルタント以外でフリー・自営	8.6%	5.5%	2.7%
キャリアコンサルタントとしてボランティア	1.8%	1.4%	1.5%
キャリアコンサルタント以外でボランティア	1.3%	2.0%	1.1%
無職	0.5%	1.6%	0.9%

「キャリアコンサルタント登録者の活動状況等に関する調査」
（独立行政法人 労働政策研究・研修機構、労働政策研究報告書 No.200）より引用。

　図表32を見ていただくとわかりますが、企業を主な活動の場と回答している1,119名のうち、約6割（57.3%）は正社員です。また経営・管理職の人も11.4%おり、合算すると7割弱が企業の正規職員ということになります。つまり、キャリアコンサルタント資格者の中には、キャリアコンサルティングに関連した業務は不定期にしか行わない人たちが多く存在するわけですが、その人たちの大半は企業の正規職員であるということです。

　イメージしてみてください。実際にキャリアコンサルタントの中には、**人事部**に現在勤めていたり、かつて人事部に所属していたといった人たちが多くいます。その人たちは、先に見たような「キャリアコンサルティングに関連する活動」を毎日行っているわけではありません。
　普段行っている仕事は、**採用業務**の一連の流れであったり、**人事評価制度**の見直しであったり、外部研修講師との打合せであったりするでしょう。そうした仕事はキャリアコンサルティングとまったく関連がないわけではありませんが、先の調査で使われた定義からいえば、キャリアコンサルティングに関連する活動からは外れたものとなります。

　つまり、企業内にいるキャリアコンサルタントは、ハローワークなどの需給調整分野や学校・教育分野にいるキャリアコンサルタントよりも数は多いけれども、正社員としてキャリアコンサルティングの仕事そのものをしているのではなく、通常の人事部や総務部の仕事をしている場合が多いということになります。

幅広く応用が利くキャリアコンサルティングの学び

　「それでは資格を取る意味がないじゃないか」と思われるのは早計です。例えば採用業務の一連の流れを取り出してみても、その中ではキャリアコンサルタントになるために学んできた要素がとても役立つ場面は多々あります。

　自社への就職を希望する学生たちに対する説明会で、何人かの学生たちを前にして話すときには、**グループアプローチ**ということで学んだ**ファシリテーション**の素養が生きるはずです。エントリーシートや転職希望者からの履歴書や職務経歴書を見る際には、**キャリアシートの記載法や指導の仕方**で学んだ知見が役立ちます。
　採用面談においては、まさに**傾聴の姿勢**が大事になってきます。採用側のスタッフが好印象を与えれば、学生や転職希望者は、ぜひ入社したいという気持ちをさらに高めてくれることでしょう。

　人事評価制度であったり、**雇用管理**、**賃金制度**、**社会保険**などの保険知識、退職管理などの情報は、キャリアコンサルタントの学習の中でも一通り身に付けていく内容です。

　また、**従業員のキャリア開発**については、キャリアコンサルタントの学習の中でも大きな位置を占めます。研修などを通じていかに従業員のキャリア開発を図っていくか、支援できるかは、人事部としての大きな役割です。企業によっては、人材開発部や研修室といった形で人事部門から独立して一部門をなしている企業もあるほどです。

人事だけでなく企画、営業など様々な職種の人が取得する資格

　「どのような職種の人が、キャリアコンサルタントとなっているか」については、図表33のようなデータがあります。このデータは企業分野で活動している人だけを対象としたわけではなく、すべての回答者に聞いた結果ですので、もっとも多く従事している職種は「キャリアコンサルタントの仕事」となっています。しかし、このデータからも企業分野で働いている人たちのおおよその職種の傾向が見てとれます。

　やはり「**人事**」の仕事をしている人は多いことがわかります。次いで多いのは、「**総務・経理・管理**」です。企業の正社員は、ローテーションで職種を異動することも多いですから、現在の職種は総務や経理であったとしても、かつては人事にいたという人ももちろんいるでしょう。「**営業**」や「**企画・マーケティング**」、また「**技術・研究職**」の人も一定数いることがわかります。
　様々な職種の人が、キャリアコンサルタントの資格に興味を持ち、実際に企業内で働きながら資格を取得しているのです。

　人事に勤める人が取得することの多いキャリアコンサルタント資格ですが、営業、総務、経理、企画・マーケティングなど、すべての職種でメリットがある資格とも言えます。

4

多彩なキャリアコンサルタント活躍の場

▼ 図表33：キャリアコンサルタントが就いている現在の職種

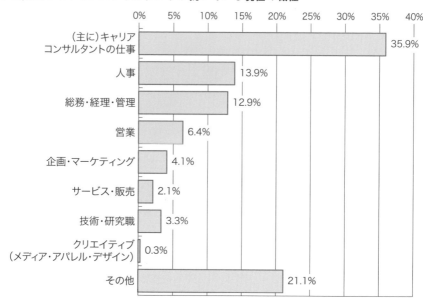

「キャリアコンサルタント登録者の活動状況等に関する調査」
（独立行政法人 労働政策研究・研修機構、労働政策研究報告書 No.200）より引用。

どんな職種でも役立つキャリアコンサルタント資格

　キャリアコンサルタントとして培ったスキルは、必ずしも「キャリアコンサルティングに関連する活動」を行っていないとしても、大いに役立つものである、と私は思っています。

　例えば、**営業職**において、顧客との対話の場面において、キャリアコンサルタントとして学んだ**傾聴のスキル**は十分に威力を発揮するでしょう。相手の**ニーズ**をしっかりと聴きとり、**人間関係を短い時間で築くことができる**というスキルは営業マンにとって強力な武器となるはずです。

　そもそも人の話をよく聴けるようになることで周囲との人間関係が良くなりますので、これは企業に勤めるサラリーマンにとっても重要なスキルとなります。上司や同僚、部下との人間関係が良好になり、**組織の中で働きやすくなる**でしょう。

　しかしそれだけではなく、部下を指導するといった立場の人にとっても、**部下のやる気を引き出せる**ようになる、などの貴重な学びが得られます。部下が心からやりたいと思っていることを引き出し、それを今の会社の業務と、本人のなかで矛盾がないように擦り合わせていくといったことを、上司がキャリアコンサルティ

ングという形で行えば、部下の**モチベーション**は大きく上がるに違いありません。

　他にも、組織内で働く人たちが、キャリアコンサルティングの学習をすることのメリットはあります。学科試験の中では**組織心理学**についての設問が何問か出てきますが、そこでも学習して頂きたいのは、**実践に役立つ知識や知恵**です。例えば、MITの教授だったエドガー・シャイン博士は、組織の中で人はどう振舞うのか、といったことを研究しましたが、それは「**キャリア・サバイバル**」という形で発表されてもいます。いかに組織内で生きのびていくか、といった形で読み解くこともできる学問的な成果なのです。

　自身の境遇や状態に即して、自分のこととして引き寄せて理論も学んでいけば、日々の組織人としての生活にも大いに役立つ知恵が引き出される、とも言えるのです。

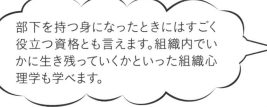

　部下を持つ身になったときにはすごく役立つ資格とも言えます。組織内でいかに生き残っていくかといった組織心理学も学べます。

キャリア支援室スタッフやメンタルヘルス推進担当者にもなれる

　大手・中堅企業の中では最近、「**キャリア支援室**」といった名称で、キャリアコンサルタントの資格者を集めて、一つの部署を作っている企業も目立つようになってきました。従業員のキャリア形成をどのようにして支援していくかを、専業として取り組むための部署です。

　新入社員研修から始まり、節目節目で実施していく「階層別研修」についても、しっかりとした考え方をもって、中・長期の計画を立てて臨むようにしたり、従業員一人ひとりに対して個別の相談（キャリアコンサルティング）を行ったりすることもあるでしょう。あるいは、従業員がメンタルヘルス不全に陥らないよう予防策を講じるといった業務を担う部署ということになります。

　国家資格キャリアコンサルタントの資格を有している社員であれば、この部署にはうってつけの人材ということになるでしょう。私のキャリアコンサルタント

の知人には人事部勤務の人が何人もいますが、「キャリアコンサルティングの学びが十分に生かし切れていないかもしれない」と発言する人はいます。そうした人は、もしも社内にこうした「キャリア支援室」的な部署が新設されたならば、ぜひとも行きたいと思うでしょう。

　専門部署がない場合でも、企業にとって今後大きな問題となってくるのは、メンタルヘルスの問題です。人間関係の悪化、いろいろな**ハラスメント**、**企業風土**がブラック企業的であるなど、さまざまな要因によって、**メンタルヘルス不全**に陥ってしまう従業員は出現します。うつ的な状態を呈するようになれば、従業員はとても苦しい思いをしますし、企業としても**生産性が低下し、業績悪化**につながります。
　メンタルヘルスの問題に対処したり、また未然に防ぐために、国は「メンタルヘルス指針」を策定して、企業はこれを参考にして「**心の健康づくり**」を進めてほしいと推奨しています。「心の健康づくり」では推進者（**メンタルヘルス推進担当者**）が必要だとされているのですが、例えばこうした推進者に手を挙げるという動きも、キャリアコンサルタントとしてあってもよいのではないでしょうか。

　キャリアコンサルティングの学びは、幅広く企業内のいろいろな職種や活動に活かされていますので、キャリアコンサルティング的な業務を行いたいと考えている人にとっては、一つの方向性となるのではないかと考えています。

サラリーマン層はじめ学生層でも注目度が年々高まる国家資格

　人事や総務のスタッフが取得する国家資格として、国家資格キャリアコンサルタントは、年々注目度を増してきています。
　実際に私が主催しているキャリアコンサルタント養成講習でも、クラスの中には、人事や総務をはじめとした企業のいろいろな部署に勤める現役のサラリーマン、サラリーウーマンの方が多くおられます。また、そうした人の割合は、年々高まってきています。
　最近では、大学の2 ～ 3年生が資格を取得したいと言ってくることも多くなりました。学生を採用する側である企業の人事部のスタッフが取得したいと考える資格なのですから、応募する学生が取得していたら、**就職戦線において有利**となることは十分考えられます。
　キャリアコンサルタント資格は、サラリーマン層にとっても、また学生層にとっても、今後ますます関心が高まる資格ということができます。

4 人材ビジネス
── 派遣業・紹介業のベーシックライセンス

人材サービス業界で働くキャリアコンサルタントは多い

東洋経済新報社の『会社四季報』や日本経済新聞社の『業界地図』には、「人材サービス」という名称で、人材ビジネスを行っている各社の情報がまとめて掲載されています。「**人材サービス業界**」です。

この業界で中心となるビジネスモデルは、**人材派遣業**と**人材紹介業**です。ともに国の認可が必要な業態です。そのバリエーションとして、技術者派遣に特化した企業や、製造業や医療系に特化して扱う企業などもあります。また、**採用広告**を扱う企業群も、人材サービス業界に位置づけられることが多いようです。

これら派遣、紹介、採用広告のビジネスから、その派生的ビジネスまで幅広く扱う「**総合人材サービス**」と呼ばれる業態もあります。業界におけるコングロマリット（複合企業）的な存在で、巨大企業であることが多いので、名前がよく知られている企業が多くあります。例えば、リクルートやパソナ、パーソルテンプ、アデコ、マンパワーといった名前は皆さんもお聞きになったことがあるでしょう。

こうした人材サービス業界で働くキャリアコンサルタントは数多くいます。例えば、私と同じくキャリアコンサルタント養成講習の講師を務めるT先生は、「キャリアコンサルティング技能士1級」というキャリアコンサルタントの最上位資格の保持者ですが、パソナグループで長年、「**アウトプレースメント**」や「**リプレイスメント**」と呼ばれるビジネスモデルにおいてキャリアコンサルタントの仕事をしてきた人です。

アウトプレースメントやリプレイスメントとは、リストラを行うことになった大手企業などから受託して、その企業の**リストラ対象者にキャリアコンサルティング**を行い、新たな就職先や人生設計の手助けをするビジネスモデルです。年間に数百人近い人との面談（キャリアコンサルティング）をこなしてきたという話も聞いています。まさにキャリアコンサルティング漬けの仕事といえます。

派遣元企業における派遣コーディネーターの仕事

　人材サービス業界の中でもっともポピュラーなビジネスモデルは、人材派遣業です。

　「ハケンの品格」というTVドラマがあります。大前春子（篠原涼子）という派遣スタッフが、助産師やクレーン運転士免許など数々の資格をもったスーパーレディとして描かれたものです。ドラマには、一ツ木さん（安田顕）という派遣会社の社員が登場しますが、こうした仕事に就いている人に、キャリアコンサルタントの資格を有している人は多くいます。

4

多彩なキャリアコンサルタント活躍の場

派遣元（派遣会社）のスタッフ（派遣コーディネーター）
：キャリアコンサルタントであることが多い

派遣スタッフ（派遣労働者）：
希望すれば必ずキャリアコンサルティングを受けられる

　一ツ木さんが行っている仕事は、「**派遣スタッフ**として働きたい」と派遣会社を訪ねてくる人と面談をして、その人と**派遣先企業とをマッチング**させていく仕事です。ドラマの中では、就職難の時代だったために新卒で就職できなかった森美雪（加藤あい）という若い女性と面談をする場面がありました。訪問してきた人材と面談をして、その人の希望を聞き、スキル等のチェックも行った上で、派遣先企業につなげていく。もしもその派遣先で何かトラブルが起きれば、その対処をするのも一ツ木さんの役割です。

　また、派遣スタッフのスキルをアップさせるための研修を提供したり、キャリアコンサルティングを定期的、あるいは適宜行うことも重要な役割です。現在は**労働者派遣法**（現在の正式名称は「労働者派遣事業の適正な運営の確保及び派遣労働者の保護等に関する法律」）が改定されて、**派遣労働者（派遣スタッフ）**に対する**計画的な教育訓練**や、希望者への**キャリアコンサルティングの実施**が、派遣元（一ツ木さんのいる派遣会社）に義務づけられました。もしも違反したときには、最悪の場合、派遣業の許可の取り消しとなります。

　一ツ木さんの職種は、「**派遣コーディネーター**」といった名称で呼ばれることもあります。

国家資格者は派遣会社の金の卵

　現在のところ、「派遣会社（派遣元企業）には必ずキャリアコンサルタントを常駐させなければいけない」ということは、法律に定められていません。しかし先述したように、派遣会社は、派遣スタッフから「キャリアコンサルティングを受けたい」との申し出があった場合は、必ずキャリアコンサルティングを行わなければなりません。そのため、国家資格キャリアコンサルタントを常備したいと考える場合が多くなっています。

　正確に言えば、現時点ではキャリアコンサルティングは、必ずしも国家資格保持者が行わなくてもよいことになっています。派遣会社の相談窓口に担当者が配置されていることは必要ですが、その担当者はキャリアコンサルタント（有資格者）か、キャリアコンサルティングの知見を有する者（職業能力開発推進者で、3年以上の人事担当の職務経験がある者等）とされています。または、窓口に派遣先との連絡調整を行う営業担当者を配置することとされています。つまり、有資格者のキャリアコンサルタントの配置が望ましいが、そうでなくても大丈夫ということです。

4

多彩なキャリアコンサルタント活躍の場

　しかし、無資格者がキャリアコンサルティングを行っている派遣会社と、資格保持者が行っている派遣会社では、派遣スタッフはどちらの会社に登録したいと思うでしょうか。当然、有資格者がキャリアコンサルティングを行ってくれる派遣会社（派遣元）を選択するのではないでしょうか。

　そうした背景から、派遣業の世界では、新しく人材を採用するのであれば、有資格者の方が良いと思う企業が多くなっていますし、また既存の社員には**資格を取るように勧奨**することが多くなってきています。

　私のキャリアコンサルタント養成講習を受けた人の中に、どうしても人材派遣会社に転職したいという20代後半の男性がいました。それまでに10社程度の人材会社を受けたが、どこも通らなかったとのこと。ところが、養成講習を修了して国家資格キャリアコンサルタントの受験資格を得た時点で受けたところ、なんと1社目ですんなり採用が決まったのです。彼はその会社に勤めるようになりました。忙しさの中でまだ国家資格者にはなっていないのですが、受験資格の取得というだけで念願はかなったのです。派遣会社側としても、すぐに資格を取得できる可能性のある人材ということで、採用を決めたのでしょう。

　なお、派遣元企業が設ける相談窓口は、事務所内に定められた**相談ブース**を設置するだけでなく、**電話やメールによる相談受付**、**専用WEBサイトによる相談窓口の設置**等によって、雇用する派遣労働者がキャリアコンサルティングを容易に申し込めるようにしなければならないとされています。

民間人材紹介業でもキャリアコンサルタントは活躍

　ハローワークや大学などの教育機関も、人材を企業に紹介しているということでは、人材紹介業と言えます。これらは、無料でマッチングを行っていることから「無料職業紹介事業者」と呼ばれます。

　それに対して、一般的に「人材紹介会社」と言われる企業は、求職者と求人募集企業とをマッチングさせることで手数料をもらう事業です。これらは「**有料職業紹介事業**」と呼ばれます。職業紹介事業を行うには、所定の手続きを踏んで、厚生労働大臣の許可を得なければいけません。

　有料職業紹介事業者のビジネスモデルは、売り切りモデルとも言えます。人材派遣業は、派遣スタッフが派遣先企業に労働力を提供している期間中、継続して派遣報酬を得る仕組みです。しかし有料職業紹介事業者は、マッチングが成功して

紹介した人材が企業に雇用されたならば、紹介会社はその報酬を得られます。あたかも人材を売り切ったかのようなモデルで、**その労働者の年収の10 ～ 30%程度の手数料**を、紹介した企業側から得ることになります。

　企業側としては、ハローワークでマッチングがうまくいけば手数料は必要ないのですが、ハローワークではうまく良い人材を探せないと判断した場合や、求人の内容をオープンにしたくないときなどに、有料職業紹介事業者の手を借りることとなります。

　こうした民間の人材紹介業でも、キャリアコンサルタントの活躍の余地はたくさんあります。

▼ 人材派遣業と人材紹介業の違い

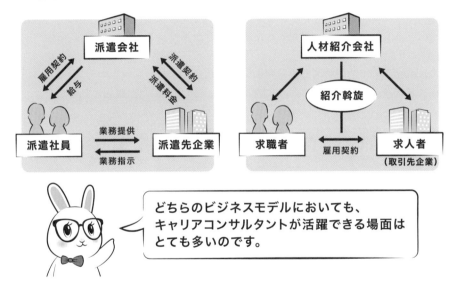

> どちらのビジネスモデルにおいても、キャリアコンサルタントが活躍できる場面はとても多いのです。

紹介予定派遣で正社員への希望を叶える

　有料の人材紹介を行っている企業の中には、人材派遣業も行っている場合も多く見受けられます。

　TVドラマ「ハケンの品格」(2007)では、主人公の大前春子(篠原涼子)の影響もあって精神的に成長した森美雪(加藤あい)が、最終回のあたりで**紹介予定派遣**という形態で企業に勤めたというくだりがあります。

　スーパー派遣スタッフの大前春子とは違う道ですが、正社員になりたいと強く思うようになった森美雪は、派遣コーディネーターの一ツ木さん（安田顕）に相談します。そこで一ツ木さんが探してきてくれたのが、紹介予定派遣の案件でした。

　紹介予定派遣とは、**派遣契約終了後に直接雇用で正社員や契約社員になる**という前提で、6か月間を最長とした一定期間、派遣スタッフとして働く制度です。派遣契約終了時に、派遣スタッフと派遣先企業の双方の合意により、正社員等として採用になります。そのため、その間に仕事内容や職場の雰囲気を見てから入社を決められるといったメリットがあります。

　紹介予定派遣の契約を派遣先企業と結ぼうとすると、一ツ木さんの会社は有料職業紹介事業者としての資格も持っていなければなりません。

　このように、派遣スタッフの個々の希望を聞き入れながら、最適解を見つけ出そうとするのも、派遣コーディネーターの役割です。キャリアコンサルタントは制度についても把握して、**労働者と企業の双方がメリットを得られる**よう仲介役を担います。

　森美雪は紹介予定派遣の制度を用いて、晴れて彼女がなりたいと思った正社員に、それもドラマの舞台となった憧れの大手食品会社に直接雇用されました。

人材紹介ビジネスを個人事業者として行う

　キャリアコンサルタントの中には、人材紹介業を行う企業に属するのではなく、**独立した個人事業者として紹介業を営む**人もいます。

　私が知っている方の一人に、**ヘッドハンティング**をなりわいとしている50歳代後半の方がいらっしゃいます。

　ヘッドハンターが行う紹介事業は、高度なスキルやその分野での輝かしいキャリアを持った人材を、それなりの役職者として企業に紹介するというビジネスモデルです。年収は最低でも1,000万円は下回らないでしょう。半年に1人の**ヘッドハント**を成功させただけでも、得られる手数料は1件当たり200〜300万円ですから、年収にすれば数百万円は下らないことになります。

　外から見ているだけですが、比較的時間が自由にできるように見えますし、労働時間が少なくても成り立つ仕事のようにも思えます。もちろん、それまでに蓄積してきた人脈ネットワークや企業との接点がなければ、そもそもできないビジネスであるとは思いますが。

　もう一人は、学生も含めて転職を希望する比較的若い年代層を対象として人材紹介業を行っている40歳代半ばの方です。

　ハローワークや民間の求人サイトには公開されないインフォーマルな求人と、転職希望者とのマッチングを手がけています。求人情報を広く公開したくないと考える企業の**求人情報が集まる情報会社（エージェント）**から情報を得ています。40歳代から人材紹介を始めたとのことでしたが、「自分なりのやり方で行ってきた人材紹介業をしっかりとした裏打ちのあるものとしたい」ということで、私たちが提供しているキャリアコンサルタント養成講習に参加してくれました。

　彼は、講習を通してキャリアコンサルティングの勉強を進めていく中で、それまでいかに勝手なやり方でクライエントと接してきてしまったのかに気づいたと感想を述べてくれました。若者たちとしっかりと向き合い、寄り添って、**転職のサポート**をするという、キャリアコンサルタントとしての基本的な姿勢を学べたとのことです。キャリアコンサルタントの資格を取得したことで、以前にも増して**転職希望者からの引き合いが多くなった**とのことでした。

　このように、個人で人材サービス分野のビジネスを行っているキャリアコンサルタントもいます。人材ビジネスは小規模で少ない小資本で始めることができるため、比較的参入しやすいと言えると思います。

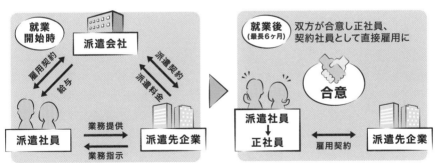

6ヶ月以内には直接雇用で、正社員や契約社員になれるという約束のもとに、派遣スタッフとして働き始めるのが紹介予定派遣の仕組み。
キャリアコンサルタントは、こうした仕組みも知ったうえで、派遣コーディネーターの仕事を行なっています。

4

多彩なキャリアコンサルタント活躍の場

5 その他の勤務先
── 資格が生きる勤め口のいろいろ

　本章では、「国家資格キャリアコンサルタントを取得して、いったいどんなところで働くことができるのだろう」という観点から、キャリアコンサルタントとしての代表的な活躍の場を述べてきました。公的施設、教育機関、一般企業、人材ビジネスと紹介してきましたが、「キャリアコンサルタントとしてどこかに勤める」という観点では、書き切れなかったものがいくつか残っています。以下、代表的なものを紹介していきます。

職業訓練校ではキャリアコンサルタントの配置が必須

　職業訓練は、ハローワークに**求職登録**をした人が受けることのできる公的な制度です。受講料は無料の場合がほとんどで、有料の講習を受けたら数十万円かかるような内容を、**教科書代などの実費だけで受講**できます。キャリアコンサルタントとしては、こうした情報も把握しておくことで、求職中の方とキャリアコンサルティングを行う際には、役立つ情報を提供できる可能性が高まります。

　職業訓練は公的な制度ですが、実はそれを実際に行っている全国の職業訓練施設は、民間の株式会社であったり、NPO法人であったりします。もちろん各都道府県には、「ポリテクセンター」と呼ばれてきた国の外郭機関が訓練を提供している公的施設や、自治体（各都道府県や政令指定都市の一部）が運営する公的施設もあります。しかし数の面から見れば、**民間の職業訓練校**の方が圧倒的に多いのです。

　株式会社などが国や都道府県に訓練内容について申請を出し、その訓練コースが認定されれば、公的な訓練コースが立ち上がるという仕組みになっています。株式会社などは、受講生の数や訓練期間に応じて、国や都道府県から報酬を受け取る仕組みになっています。

　私自身も、民間の株式会社の立場で、職業訓練を10年以上にわたって行ってきています。就職に結びつくスキルを身につけてもらうことが重要な役割となるので、これまでに次のような訓練コースを立ち上げてきました。

- ビジネスパソコン基礎科　　・Webデザイナー養成科
- ゲームプログラマー養成科　・Javaプログラミング科
- 観光サービス人材養成科　　・キャリアカウンセラー養成科
- 簿記会計事務科　　　　　　・ワードプレス、Web制作運用科
- 日本語教師養成科　　　　　・介護スタッフ養成講座　　など

　私の会社では立ち上げてきませんでしたが、ほかにも「アロマテラピー＆セラピスト養成科」「ネイリスト養成科」「不動産ビジネスワーク養成科」「インテリアデザインCAD科」など、多彩なコースが開講されています。
　職業訓練は現在、「**ハロートレーニング**」という愛称でも呼ばれています。

　こうした民間の株式会社などが行っている職業訓練校では、キャリアコンサルタントが必須の存在となります。なぜかというと、職業訓練を行う場合は、その**訓練期間内に必ず何度かのキャリアコンサルティング**（略して「キャリコン」と呼ばれている）を行うことになっているからです。キャリコンは、受講生とキャリアコンサルタントが一対一で、1回あたり30分〜1時間程度の時間をかけて行います。
　キャリコンは「**ジョブ・カード**」と呼ばれる国の書式を用いて行われます。ジョブ・カードは、職務経歴や自身の強み、今後の方向性などを記載できるようになっている、A4判で数ページに及ぶ書類です。これを受講生に事前に書いてきてもらって、キャリコンを行います。

　キャリコンを行うのは、国家資格キャリアコンサルタントです。職業訓練校に常駐のキャリアコンサルタントがいない場合は、外部のキャリアコンサルタントに依頼することになります。いずれにしても、職業訓練校には必ずキャリアコンサルタントがいなければならないのですから、**資格取得者にとって確実にニーズがある勤務先**の一つです。

4

多彩なキャリアコンサルタント活躍の場

各都道府県のポリテクセンターが実施する職業訓練	労働局が認定する求職者支援訓練（民間が実施）
各都道府県が実施する公的職業訓練	各都道府県が認定する委託訓練（民間が実施）

※「ポリテクセンター」は、独立行政法人
高齢・障害・求職者雇用支援機構（JEED）が運営しています

職業訓練には様々なタイプがありますが、受講生を支援して、企業等への就職に結びつけるのが、キャリアコンサルタントの大きな役割です。

障害者に対する就労支援の場での活躍

就職を支援する業務ということでは、障害者の方々に対する支援業務があります。
障害者の就職を支援するサービスとしてよく知られているものに、**就労移行支援**と**就労継続支援**があります。就労継続支援はさらに、**就労継続支援A型**と**就労継続支援B型**に分かれています。

就労移行支援を行う「就労移行支援事業所」は、障害者が働けるようになることを助ける施設です。一般企業に就職したいと思っている障害者の方に、スキルを身に付けてもらうための訓練を実施したり、ビジネスマナーを教えたりします。職業訓練校の障害者版と見ることもできます。最大2年間まで施設で面倒をみることが可能です。**就労に移行できるように手助け**する施設と言えます。

就労継続支援の施設は、実際に仕事を行う場です。障害者が就労を続けていけるようにしていくための施設です。就労継続支援A型では、障害や難病のある方が雇用契約を結んで、無理のない範囲で働きます。安定的な就労とは言えますが、就労時間が短いことが多く、給料は一般の就労と比べて低くなります。

就労継続支援B型は、雇用契約を結ぶことが難しい障害者の方が、軽作業などの

就労訓練を行うことができる福祉サービスです。「給料」ではなく、「**工賃**」が支払われます。労働の対価は得られるのですが、給料ではないので、最低賃金よりも低い額となっています。

　これら障害者の就労支援施設は、国家資格者が必須というわけではありませんが、就労支援を行うという意味ではキャリアコンサルタントが活躍できる場と言えます。とくに就労移行支援事業所では、職業訓練校と同様に**キャリコン**を行うこともあり、キャリアコンサルタントは障害者の方が一般企業に就職できるようにサポートをしていくこととなります。現状では、社会福祉士などの資格を持った人が勤めている場合が多いのですが、今後はキャリアコンサルタントの活躍が広がっていくと思われます。

　また、最近では**精神障害**のある方々の数が増えており、そうした人たちが就労移行支援事業所や就労継続支援A型に通うことも多くなっています。彼らに対するサポートという観点からも、キャリアコンサルタントが期待されています。

　障害者の自立・安定した職業生活を相談するための施設に**障害者就業・生活支援センター**があります（図表34）。就業支援と生活支援についてのワンストップサービスを行う施設で、国や都道府県が社会福祉協議会やNPO法人に委託して運営しており、全国に330ほどあります。

　各市区町村には**障害者（就労）支援センター**が設置されていることが普通ですが、障害者就業・生活支援センターは、住まいの場所に関係なく広域で支援を行っています。東京都を例にとれば、障害者支援センターや障害者就労支援センターは各区や各市にありますが、障害者就業・生活支援センターは区部と市部にそれぞれ3か所、計6施設が設置されています。

　こうした障害者の就労支援施設の中でも、とくに**就業支援を行う業務はキャリアコンサルタントが担う**ことができます。

　全国のほぼすべての市区町村に設置されている障害者支援の窓口は、「障害者支援センター」や「障害者就労支援センター」、「就労自立センター」など異なった名称で呼ばれることもありますが、地域に密着した形で配置されています。全国津々浦々にあるのですから、かなりの数にのぼります。

　現状では、各市区町村の社会福祉協議会のスタッフが担当していたり、市区町村の職員が担当していることも多く、キャリアコンサルタントが数多く進出している分野とはなっていませんが、今後はこうした分野でもキャリアコンサルタントはより活躍できるでしょう。

4

多彩なキャリアコンサルタント活躍の場

▼ 図表34：「障害者就業・生活支援センター」と他の支援施設とのネットワーク図
（厚生労働省の資料に一部加筆）

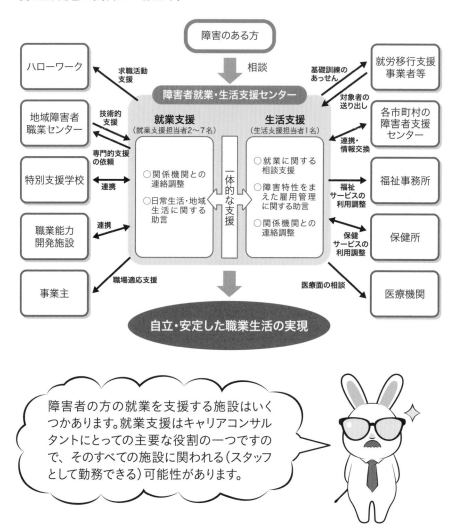

図表34の左側にある**地域障害者職業センター**は、障害のある人に対して専門的な職業リハビリテーションを提供する施設です。全国の各都道府県に最低1か所ずつ設置されており、独立行政法人高齢・障害者・求職者雇用支援機構が運営を行っています。事業主に対して、障害者雇用の面でのアドバイスを行ったりもします。

専門性の高い支援が特徴で、専門職員として厚生労働省の定める研修・試験を修了した**障害者職業カウンセラー**がおり、**相談支援専門員**や**ジョブコーチ**等も配置しています。

障害者職業カウンセラーは、キャリアコンサルタントとは別の資格で、試験を受けて取得します。相談支援専門員は、障害者支援の実務経験を3年以上積んだ後、相談支援従事者（初任者）研修を受けてなります。

ジョブコーチは、「職場適応援助者」とも呼ばれ、障害者が職場に定着して長く働けるように支援する業務を担います。障害者に業務の覚え方や工夫などを伝えたり、会社側には障害の特性を説明し、職場環境を整える手伝いをします。短期講習を受講することで、ジョブコーチとして活動できるようになります。

こうした職種には、もちろんキャリアコンサルタントも就くことができます。とくにジョブコーチは、地域障害者職業センターだけにいるわけではなく、就労移行支援事業者や就労継続施設にもいますし、障害者を雇用している企業内にもいます。企業内で障害者支援を行っているキャリアコンサルタントには、ジョブコーチの称号を持っている人が多くいます。企業内にいるジョブコーチは**企業在籍型ジョブコーチ**と呼ばれます。

地域障害者職業センターにいるジョブコーチは**配置型ジョブコーチ**と呼ばれます。また、障害者の就業支援を行う社会福祉法人などに所属して、企業を訪問して支援業務を行うジョブコーチは**訪問型ジョブコーチ**と呼ばれます。

キャリアコンサルタントで、かつジョブコーチとなっている人は増えてきています。キャリアコンサルタントとしての専門性を持っていることで、就労支援という意味では、障害者に対してより良い支援ができる可能性が高いと言えます。

ジョブコーチは講習を受けることで称号を得ることができますが、講習内容は図表35のようになっています。集合研修で26時間程度、実技研修で16時間、合計で42時間ほどとなります。カリキュラムは、訪問型職場適応援助者（訪問型ジョブコーチ）と企業在籍型職場適応援助者（企業在籍型ジョブコーチ）に分かれていますが、4講座（科目）の内容が若干異なるだけで、ほぼ同様の体系となっています。

4

多彩なキャリアコンサルタント活躍の場

133

▼図表35：訪問型職場適応援助者（訪問型ジョブコーチ）と企業在籍型職場適応援助者
（企業在籍型ジョブコーチ）の講習カリキュラム

区分	講座名（黒字部分は「訪問型ジョブコーチ」のカリキュラム） （赤字部分は「企業在籍型ジョブコーチ」で異なるカリキュラム）	時間 （分）
集合研修	職業リハビリテーションの理念	60
	就労支援のプロセス	60
	訪問型職場適応援助者の役割 企業在籍型職場適応援助者の役割	120
	障害特性と職業的課題Ⅰ（知的障害・発達障害）	110
	障害特性と職業的課題Ⅱ（精神障害）	110
	障害特性と職業的課題Ⅲ（身体障害・高次脳機能障害・難病）	140
	労働関係法規の概要	60
	課題分析の理論	120
	作業指導の実際Ⅰ	180
	事業主支援の基礎理解 障害者福祉と就労支援	90
	職場における雇用管理の実際【配置型・訪問型】 職場における雇用管理の実際【企業在籍型】	120
	企業へのアプローチと事業所における調整方法 事業所内における調整	120
	ケースマネージメントと職場定着のための生活・家族支援	60
	支援記録の作成Ⅰ	60
	ケースから学ぶジョブコーチ支援の実際Ⅰ	160
実技研修	地域における関係機関の役割とネットワークの活用	60
	アセスメントの視点と支援計画に関する理解	180
	作業指導の実際Ⅱ	120
	事業所における職場適応援助者の支援の実際	420
	支援記録の作成Ⅱ	60
	ケースから学ぶジョブコーチ支援の実際Ⅱ	120
合計時間（分）2530（うち、集合研修 1570、実技研修 960）		

4 多彩なキャリアコンサルタント活躍の場

全国にある発達障害者支援センターも有力な勤務先

　発達障害については、キャリアコンサルタントの間でも最近話題になっています。平成29年に実施されたキャリアコンサルタントに対するアンケート調査では、「発達障害者にどう対応していいかわからない」という回答が多数寄せられています。

　最近では、大学等の高等教育を終えて就職した後に、自分が**発達障害**だったとわかる例なども多くなってきており、そうした人にキャリアコンサルタントとしてどう対応したらよいか、戸惑うキャリアコンサルタントもいるということです。

　発達障害とはどのようなものなのか。その分類についてはいくつかの説がありますが、国立障害者リハビリテーションセンター・発達障害者支援センターがホームページで示しているのは、以下の3分類です。

---

① 広汎性発達障害（自閉症、アスペルガー症候群）

② 注意欠陥多動性障害[AD／HD]

③ 学習障害[LD]

　発達障害は**脳機能障害**であり、通常は低年齢で発症するものとされています。一人ひとり異なった症状を示すので、その人がどんなことができ、何が苦手なのか、どんな魅力があるのかといったことに目を向け、その人その人に合った支援を行うことが大事だとされます。

　支援する施設については、先述の障害者支援ともちろん重なってくるのですが、発達障害の場合、それに特化した施設が全国に設けられています。「**発達障害者支援センター**」と呼ばれるものです。

　発達障害児あるいは発達障害者への支援を総合的に行うことを目的とした専門的機関で、都道府県や政令指定都市が自ら運営したり、都道府県知事等が指定した社会福祉法人やNPO法人等が運営しています。保健、医療、福祉、教育、労働などの関係機関と連携し、地域における総合的な支援ネットワークを構築して、発達障害への支援を行っています。

　ここでも**就労の問題**は大きなテーマですので、キャリアコンサルタントがもっと進出してセンターの職員の一角を占めるようになることが、これからは求められると思われます。

4

多彩なキャリアコンサルタント活躍の場

　キャリアコンサルタントが診断したり、治療にあたることは、もちろんできませんが、本人をはじめ親や周囲の人たちからエピソードやライフヒストリーをお聞きするなどして、まず一人ひとりの特性をしっかりと把握し、「どのような物理的環境や人間的環境の整備を行っていけば、その方が就労しやすくなるのか」を見極めて、それを提案し、具現化していきます。このようなことがキャリアコンサルタントとしてできることとなります。

▼ 図表36：「発達障害」の分類図

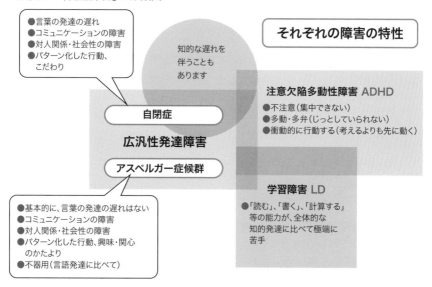

●言葉の発達の遅れ
●コミュニケーションの障害
●対人関係・社会性の障害
●パターン化した行動、こだわり

知的な遅れを伴うこともあります

それぞれの障害の特性

注意欠陥多動性障害 ADHD
●不注意（集中できない）
●多動・多弁（じっとしていられない）
●衝動的に行動する（考えるよりも先に動く）

自閉症

広汎性発達障害

アスペルガー症候群

学習障害 LD
●「読む」、「書く」、「計算する」等の能力が、全体的な知的発達に比べて極端に苦手

●基本的に、言葉の発達の遅れはない
●コミュニケーションの障害
●対人関係・社会性の障害
●パターン化した行動、興味・関心のかたより
●不器用（言語発達に比べて）

国立障害者リハビリテーションセンター・発達障害者支援センターのHPより

がん患者、難病患者に対しての就労支援

　疾病を理由に休業している従業員がいる企業の割合は、メンタルヘルスで4割ほどと、もっとも大きな割合を占めていますが、次に多いのが、**がん**です。約2割の企業が、がんによる治療のために休んでいる従業員を抱えています。

　治療と両立させながら仕事を続けたいと考えているがん患者の方は多くいます。アンケート調査によると、**約8割の人はがんになっても「仕事を続けたい」**と回答しています。しかし実態としては、雇用されている人では、半数弱しか希望をかなえられていません。勤務者の約35％は、依頼退職をしたり解雇されていると

多彩なキャリアコンサルタント活躍の場

4

いうデータもあります。自営業の場合は、65％の方が仕事を継続できていますが、2割弱は廃業に追い込まれています。

　こうした状況に対して、キャリアコンサルタントは何ができるでしょうか。私たちキャリアコンサルタントには、がんなどの病気に罹った人と面談（キャリアコンサルティング）を行い、その方の不安や悩みに寄り添い、また同時にその方を巡る環境に対しても働き掛けができるようにしていくことが求められています。

　たとえば、最初から「がんになったらもう仕事は続けられない」と思っているのだとしたら、それは**思い込み**かもしれないということを、ご自身でわかるようになってもらうことが必要かもしれません。当然、気持ちが落ち込んでいることが多いでしょうが、がんの治療と仕事とを両立させている人は数多くいますので、そうした例をお話しながら、**勇気づけ**をしていくということも、私たちキャリアコンサルタントの役割でしょう。

▼ 図表37：がん患者・経験者の就労問題

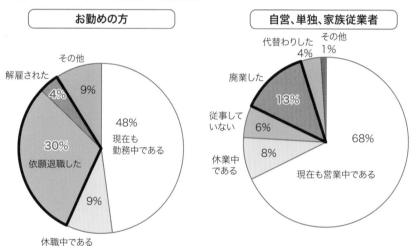

・ 勤務者の**34%**が依願退職、解雇されている。
・ 自営業等の者の**13%**が廃業している。

出典：厚生労働科学研究費補助金、厚生労働省がん研究助成金「がんの社会学」に関する合同研究班

　一方で、周囲の多くの人が、「がんになったら仕事はやめるしかない」と考えている風潮があります。それを何とかしていくという**環境への働き掛け**も、私たちキャリアコンサルタントの役割となります。

　現在の日本社会では、がんの治療や検査のために2週間に1度程度病院に通う必

4

多彩なキャリアコンサルタント活躍の場

要がある場合、「働き続けられる環境だと思いますか」という質問に対して、「そうは思わない」「どちらかといえばそう思わない」という回答をあわせると7割近い数字となっています（図表38）。世間の風潮としても、がん患者は働き続けられないと思われているということがわかります。

▼ 図表38：仕事と治療等の両立についての認識

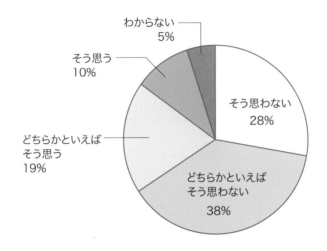

> **Q 現在の日本の社会は、がんの治療や検査のために2週間に1度程度病院に通う必要がある場合、働き続けられる環境だと思いますか？**

- わからない 5%
- そう思う 10%
- どちらかといえばそう思う 19%
- そう思わない 28%
- どちらかといえばそう思わない 38%

内閣府「がん対策に関する世論調査」平成26年11月より

厚生労働省は、治療と仕事の両立に向けて、患者と主治医、会社・産業医などとの円滑なコミュニケーションを支援するために、**両立支援コーディネーター**という役割を作り、その人材開発に乗り出しています。両立支援コーディネーターの主たる働きは、医療機関ともコミュニケーションをとりながら、患者と企業との間の調整を行ったり、仕事と治療の両立プランを作成したりすることとなります。

厚生労働省によれば、両立支援コーディネーターには、医療ソーシャルワーカー、産業カウンセラーや**キャリアコンサルタント**、社会保険労務士などが適しているとされます。キャリアコンサルタントの資格者が、両立支援コーディネーターとして患者の仕事と治療の両立支援を行っていくというケースは、今後どんどん増えていくと予想されます。

▼ 図表39：病気の治療との両立に向けたトライアングル型支援のイメージ

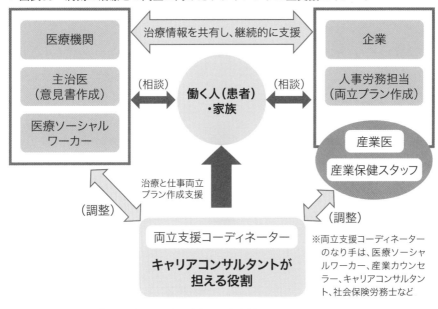

資料出所：厚生労働省「平成29年版厚生労働白書」に一部加筆

　参考までに、両立支援コーディネーターの基礎研修プログラムを図表40に示しておきます。

▼ 図表40：両立支援コーディネーターの基礎研修プログラム

研修内容	所要時間（単位：分）
・両立支援コーディネーターの必要性とその役割	45
・労務管理に関する知識	45
・コミュニケーションスキル	45
・がん経験者による当事者談話	40
・社会資源に関する知識	60
・産業保健に関する知識	60
・基本的な医療に関する知識	60
・両立支援コーディネートの実際	60

4

多彩なキャリアコンサルタント活躍の場

　最後に、両立支援コーディネーターの研修を行っている施設について、簡単に紹介しておきます。「**産業保健総合支援センター（さんぽセンター）**」です。この施設にも、今後キャリアコンサルタントが活躍できる場があると考えています。

　同センターは、**独立行政法人労働者健康安全機構**が運営し、全国47の都道府県に設置されています。産業医、産業看護職、衛生管理者等の産業保健関係者を支援し、また事業主等に対して、**職場の健康管理**への啓発を行うことを目的とした施設です。その活動内容は表のようになります（図表41）。

▼ 図表41：産業保健総合支援センター（さんぽセンター）の活動内容

> **1. 窓口相談・実施相談**
> 　産業保健に関する様々な問題について、専門スタッフが実地又は、センターの窓口（予約）、電話、電子メール等で相談に応じ、解決方法を助言。
>
> **2. 研修**
> 　産業保健関係者を対象として、産業保健に関する専門的かつ実践的な研修を実施。他団体が実施する研修については、講師紹介等で支援。
>
> **3. 情報の提供**
> 　メールマガジン、ホームページ等による情報提供。産業保健に関する図書・教材の閲覧等。
>
> **4. 広報・啓発**
> 　事業主、労務管理担当者等を対象とした、職場の健康問題に関するセミナーの実施。
>
> **5. 調査研究**
> 　地域の産業保健活動に役立つ調査研究を実施し、成果を公表・活用。
>
> **6. 地域窓口（地域産業保健センター）の運営**
> 　従業員50名未満の小規模事業場の支援を実施。

　図表41の6.にある「**地域産業保健センター（地産保）**」は、労働基準監督署の管轄区域ごとに、全国350か所ほど設置されています。

　従業員が50名未満の事業所は、**産業医**もいないため、仮に健康診断で良くない結果が出たとしても、どこに相談してよいかわからなくなってしまいます。そうしたときに役立つのが地域産業保健センターです。地域産業保健センターは、産業医が無料で面接指導を行ってくれます（労働安全衛生法では、平成20年4月1日

多彩なキャリアコンサルタント活躍の場

より、労働者数50人未満の小規模事業場においても、長時間労働で疲労が蓄積した労働者に対しては、労働者の申出により、事業者は医師による面接指導を実施することが義務づけられています)。

　そのほかにも、休日・夜間にも利用できる健康相談の窓口になっていたり、医師等が訪問指導を希望する事業場に個別訪問して指導や助言を行ってくれたり、様々な産業保健情報の提供を行ったりしています。

　地域産業保健センター（地産保）はまた、**仕事と治療との両立支援**についても、相談や指導、情報提供をしてくれる施設となります。このような相談は今後、多くなってくると思われますが、都道府県に1か所ある産業保健総合支援センター（さんぽセンター）とも連携して、両立支援についての窓口機能を担っていくようになるでしょう。

　そうしたときには、**キャリアコンサルタントの出番**があることとなります。現状では、産業保健総合支援センターにおいて、やっとキャリアコンサルタントの雇用が始まったばかりという状況ですが、今後はキャリアコンサルタント側からも積極的にアピールして、こうした公的な施設においても、私たちの専門性が大いに発揮できるようにしていきたいものです。

福祉事務所での「就労支援専門員」という仕事

　生活保護を受けている人はおよそ200万人おり、これは100人あたりに換算すると1.6人ほどとなります。1990年代の半ばには100万人を切っていましたが、2010年代からは200万人を越えているのが現状です。この増加傾向は、高齢者世代における生活保護者の数が増えたことによります。

　世帯数で見てみると、生活保護受給世帯数の**半数以上は65歳以上の高齢者世帯**であり、その次に多いのが傷病・障害者世帯です。またこの10年ほどの傾向として、「その他の世帯」の割合が増加しています。これは、**若くて働ける層（稼働年齢層）**であっても生活保護受給基準の適用を受けられるように、2009年に厚生労働省が通達を出したことによるとされています（図表42）。

　生活保護者に対する窓口は、**福祉事務所**あるいは町や村役場となります。福祉事務所は、生活保護法や児童福祉法、母子及び寡婦福祉法などの法律で定められた現場業務を行う社会福祉行政機関です。都道府県や市には設置が義務づけられています。

▼図表42：世帯類型別の生活保護受給世帯数の推移（厚生労働省のホームページより）

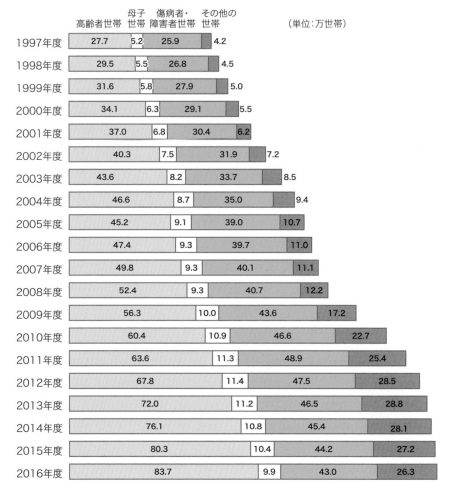

高齢者世帯／母子世帯／傷病者・障害者世帯／その他の世帯　　（単位：万世帯）

年度	高齢者世帯	母子世帯	傷病者・障害者世帯	その他の世帯
1997年度	27.7	5.2	25.9	4.2
1998年度	29.5	5.5	26.8	4.5
1999年度	31.6	5.8	27.9	5.0
2000年度	34.1	6.3	29.1	5.5
2001年度	37.0	6.8	30.4	6.2
2002年度	40.3	7.5	31.9	7.2
2003年度	43.6	8.2	33.7	8.5
2004年度	46.6	8.7	35.0	9.4
2005年度	45.2	9.1	39.0	10.7
2006年度	47.4	9.3	39.7	11.0
2007年度	49.8	9.3	40.1	11.1
2008年度	52.4	9.3	40.7	12.2
2009年度	56.3	10.0	43.6	17.2
2010年度	60.4	10.9	46.6	22.7
2011年度	63.6	11.3	48.9	25.4
2012年度	67.8	11.4	47.5	28.5
2013年度	72.0	11.2	46.5	28.8
2014年度	76.1	10.8	45.4	28.1
2015年度	80.3	10.4	44.2	27.2
2016年度	83.7	9.9	43.0	26.3

資料：2011年度以前は厚生労働省政策統括官付参事官付行政報告統計室「福祉行政報告例」、2012年度以降は厚生労働省社会・援護局保護課「被保護者調査」（2016年度は速報値）
注：世帯数は各年度の1か月平均であり、保護停止中の世帯は含まない。高齢者世帯の定義：男女とも65歳以上（2005年3月以前は、男65歳以上、女60歳以上）の者のみで構成されている世帯か、これに18歳未満の者が加わった世帯

　福祉事務所には、**社会福祉士**という国家資格を有した人材がいることがほとんどです。社会福祉士は、一般には**ソーシャルワーカー**と呼ばれています。ソーシャルワーカーの中でも、個々の援助対象者と個別に対応する役割は、**ケースワーカー**と呼ばれます。事例（ケース）を扱うという意味です。ケースワークは、日本語では「**個別援助技術**」と訳されます。

　ケースワーカーは、個々の生活保護者と向き合い、相談に乗ったり援助をしていくという業務を行います。そのケースワーカーと一緒になって、とくに就労についての支援を行うのが、キャリアコンサルタントの仕事になります。

　「就労支援専門員」と呼ばれることもありますが、この言葉自体は先述した就労移行支援施設などでも用いられますので、生活保護者に対応する役割は、正確には「**生活保護就労支援専門員**」ということになります。

　生活保護就労支援専門員の具体的な仕事内容は、「生活保護を受けている方と一緒にハローワークに行く**ハローワークへの同行支援**」「**履歴書などキャリアシートの作成支援**」「**関係機関との連絡調整**」などとなります。生活保護の方が働けるようになるように、その方とコミュニケーションを取りながら、様々な形での支援を行う人ということになります。

　キャリアコンサルタントの資格を有していることは必須ではありませんが、資格者の方がより適任の仕事であることは確かです。社会福祉士（ソーシャルワーカー）であり、かつキャリアコンサルタントであるという方もおられますが、キャリアコンサルタントとしてはやはり、就労の面を専門性をもって支援するという点で、社会福祉士とは異なった領域を扱う専門職として捉えられます。

　国家資格キャリアコンサルタントであり、かつケースワーカーのバックアップをする就労支援専門員の仕事に就いた神山包さんが、福祉事務所での仕事の体験談を記した『就労支援物語』を読むと、様々な生活保護者の方がいることがわかります。

　知的障害をお持ちの人、更生保護施設から紹介を受けた人、うつ病の人、暴力団と関わっていた人、30年以上のひきこもりの人、DVを受けていた母子、非行少年、アルコール中毒者……など。

　更生保護施設とは、刑務所や少年院に入っていた人に、保護観察をする「保護司」と呼ばれる人が付き、社会復帰ができるように、短期間身を寄せることのできる施設のことを言います。

　生活保護就労支援専門員は、**保護司**や**更生保護ボランティア**（犯罪や非行をした人が立ち直れるようにサポートしてくれるボランティア）、各地域にいる**民生委員**、ハローワークにいる生活保護担当者である**就職支援ナビゲーター**、時には**精神科医**などとも連携をとって、個々のケースにあたっていく仕事となります。

　神山さんの著作では、生活保護者を対象としたキャリアコンサルタントの仕事は「新しい仕事」であるとされ、マニュアルや指南書も整備されていないので、「も

4

多彩なキャリアコンサルタント活躍の場

しかしたら全国で誰も完璧に仕事をしている人はいないのかもしれない」と述べられています。しかし一方で、「悩み苦しんでいる人たちは多勢いる、だからこそ福祉事務所というセーフティネットの場で一人でも多くの人を助けたいと考えた」との記述もあります。著作の中には、「就労支援専門員のための教訓10ケ条」といった項目もあり、氏なりのマニュアルをまとめたいといった意向もあったようです。

　いずれにしてもこうした分野は、キャリアコンサルタントにとって「ブルーオーシャン」（まだ開拓されていない新しいビジネス領域）と見てとることができます。

　更生保護施設も、これからはキャリアコンサルタントの勤務先となる可能性が高い施設です。**犯罪や非行をした人たちの社会的経済的な自立を支援**することを主な目的としている施設ですから、当然そこには就労支援が存在します。私たちが専門性をもって、そうした施設に関わっていくことは十分できるはずです。

　更生保護施設は現在、全国に100程度存在します。そのすべてが、民間団体である**更生保護法人**や**社会福祉法人**、**NPO法人**、**社団法人**によって運営されています。多くは、成人男性を保護の対象としていますが、女性や少年だけを保護の対象としている施設もあります。

▼『就労支援物語』（神山包著、羽衣出版 2018年）

まだ、「生活保護就労支援専門員」として福祉事務所で働いているキャリアコンサルタントは少ないですが、今後はその活躍がとても期待されています。

女性就業支援センターは勤め口としての王道の一つ

　女性の就職や就労・就業を支援する施設は、ハローワークでの窓口（マザーズハローワークなど）のほかにも、全国にあります。一般的には「**女性就業支援センター**」といった言い方になると思いますが、都道府県や政令指定都市によって、呼び方はそれぞれのようです。就業支援と言っているのは、どこかの企業や団体等に勤める就職だけでなく、個人事業者として働き始める開業も含めているからです。

　例えば、私が住んでいる埼玉県を例にとると、県の産業労働部が所管している「埼玉県女性キャリアセンター」があります。また、政令指定都市のさいたま市と埼玉労働局が共同で開設している「ワークステーションさいたま」があり、主として女性を対象としたキャリアコンサルタントによる相談窓口を設けています。
　埼玉県女性キャリアセンターは、「働くを考えるすべての女性を応援します」とうたっていますが、具体的には、**面談での相談業務**をはじめとして、**仕事探しのサポート**や様々な**セミナー**等の提供を行っています。また、**個人での開業を支援**することにも力を入れており、**在宅ワーカー**の育成セミナーを定期的に行ったりしています。

　身近な女性向けの就業支援の施設は、インターネットですぐに検索することが可能です。検索サイトで、例えば「都道府県名（スペース）女性就業支援」と入力すると、その都道府県における施設や施策がすぐに検索できます。

　全国的に見ると、「**男女共同参画センター**」と呼ばれる施設の中に、女性の就労を巡る相談ができる場が設けられていることが多いようです。
　「川崎市男女共同参画センター」を例にとると、「しごと・キャリア」は、このセンターの中で大きな位置づけを占めており、女性限定で保育付きの無料「個別キャリア相談」窓口が設けられているのはもちろん、再就職したい女性を応援するパソコン講座などのセミナーがいろいろと開かれていたり、女性起業家を支援するための手作り商品の**販売イベント**（プチマルシェ）が企画されていたりもします。

　以上のような場で、実際に女性向けの仕事を巡る相談業務を行っているのが、キャリアコンサルタントです。様々なイベントやセミナーを企画・運営する仕事を行っている場合もあるでしょう。いずれにしてもこうした女性の就労を支援する場は、キャリアコンサルタントにとっての勤務先として、王道を行くものの一つと見ることができるでしょう。

4

多彩なキャリアコンサルタント活躍の場

　私の友人の女性キャリアコンサルタントは、こうした施設で長年、女性創業支援セミナーの講師を務めており、また起業についての相談に来る女性たちには、親身になって面談(キャリアコンサルティング)を行っています。

女性の就業支援をしている施設は全国各地にあります。「男女共同参画センター」や「○○女性センター」、「就職サポートセンター」など様々な名前の施設があります。

4

多彩なキャリアコンサルタント活躍の場

企業向けに高齢者雇用の促進を行う仕事もある

　女性というくくりと同様に、高齢者・シニアというくくりで就業支援を行っている施設もあります。そこもキャリアコンサルタントが活躍できる場の一つとして考えられます。

　高齢・障害・求職者雇用支援機構(JEED)という独立行政法人があります。独立行政法人ですから国そのものではありませんが、国の事業の一端を担っています。この団体は、本書で述べた障害者や求職者とも関連の深い事業を多く手掛けていますが、名称の最初に「高齢」が付いているように、高年齢者の雇用促進についても様々な活動を行っています。

　この団体の活動における特徴は、高齢者の雇用が進むよう、主に企業に対して働き掛けを行っていることです。

　高齢者は高い就職意欲を持っていることが、各種アンケート調査の結果からも明らかになっていますが、企業側の雇用環境は、今一歩その意欲に追いついていないのが現状です。そこでこの団体は、企業が高齢者の力をもっと引き出せるように、企業経営者や人事担当者に対して助言や相談を行う事業を行っています。

　団体では、「**65歳超雇用推進プランナー**」や「**高年齢者雇用アドバイザー**」と呼ばれる専門職が活躍していますが、この仕事に就いているキャリアコンサルタントがいます。

　高齢者個人に対して面談を行うのではなく、**企業に対しての相談や助言業務**を行っているのですが、これもキャリアコンサルタントにとって重要な仕事の一環

です。高齢者雇用についての計画を作成する際に相談に乗ったり、制度面でのアドバイスをすることなどを行います。

　高齢・障害・求職者雇用支援機構（JEED）のホームページを調べると、「65歳超雇用推進プランナー」や「高年齢者雇用アドバイザー」については、「高齢者の雇用に関する専門知識や経験等を持っている外部の専門家」で、「企業の人事労務管理等の諸問題の解決に取組んだことのある人事労務管理担当経験者、経営コンサルタント、社会保険労務士、中小企業診断士、学識経験者など」との記載があります。

　「キャリアコンサルタント」という記載はありませんが、企業の人事労務管理経験者でキャリアコンサルタントの国家資格者はたくさん存在しますし、経営コンサルタントをしているキャリアコンサルタントも何人もいます。社会保険労務士や中小企業診断士とダブルライセンスで活躍しているキャリアコンサルタントも、もちろんいます。

　つまり、キャリアコンサルタントにとっては、とてもファミリアー（親密）な職種が「65歳超雇用推進プランナー・高年齢者雇用アドバイザー」であると言えるということです。

　実際、企業の人事を経験してこられた方が、国家資格キャリアコンサルタントを取得し、その後この高齢・障害・求職者雇用支援機構（JEED）に勤務して、「65歳超雇用推進プランナー・高年齢者雇用アドバイザー」になったという例は存在します。

　高齢・障害・求職者雇用支援機構（JEED）は、都道府県ごとに必ず施設が存在します。**ポリテクセンター**と呼ばれる職業能力の開発を行っている施設（職業訓練施設）と一体となっている場合が多いので、大きな敷地面積を有した施設であることがほとんどです。

　そこで職を得ていくという手も、キャリアコンサルタントには一つの選択肢としてあります。

> JEED（高齢・障害・求職者雇用支援機構）に配置されている「65歳超雇用推進プランナー・高年齢者雇用アドバイザー」は、キャリアコンサルタントにとっても、勤務先の選択肢の一つ。

4

多彩なキャリアコンサルタント活躍の場

シルバー人材センターやセカンドキャリアセンター

　全国津々浦々に**シルバー人材センター**という施設が存在するのはご存じでしょうか。

　シルバー人材センターとは、高年齢者が働くことを通じて生きがいを得ると共に、地域社会の活性化に貢献するための組織です。原則として市区町村単位に設置され、**都道府県知事の指定を受けた社団法人が運営**を行っていることがほとんどです。

　シルバー人材センターでは、定年退職者などの高年齢者に、その人のライフスタイルに合わせた「臨時的かつ短期的又はその他の軽易な業務」を提供することになっています。身近なところでは、駅前にある自転車置き場の管理業務などが挙げられます。シルバー人材センターが請け負って、それを高齢者の人が行っています。個人宅の植木の剪定の仕事などもあります。

　シルバー人材センターのホームページには、「生きがいを得るための就業を目的としていますので、一定した収入（配分金）の保証はありません」といった文言もあります。安定した雇用が得られる仕事ではなく、庭木の剪定のような単発での一時的な仕事も多いことをにおわせています。

　シルバー人材センターの仕事は、肉体労働的な仕事が多く、ホワイトカラー的な仕事のイメージが少ないので、事務的な業務がほとんどだった高齢者からは避けられてしまうといったことも実際にはあるようです。高齢者が退職後、地域で仕事を得ていこうと考えたときに、選択肢の一つとなることは間違いないのですが、退職サラリーマン層にとっては、一般的なセカンドキャリアのパス（道）とはなっていないのが現状でしょうか。

　シルバー人材センターに、私たちキャリアコンサルタントが関われる余地はあるでしょうか。ホームページにある「**生きがいを得るための就業**」といった言葉は、キャリアコンサルタントとしては、ぜひともこだわりたい言葉です。

　退職した高齢者がシルバー人材センターの扉をたたき、人材登録をしにきたときに、どのような仕事がその方にとって良い仕事なのかを一緒に考えていくことは、私たちキャリアコンサルタントの主要な仕事と言えるでしょう。シルバー人材センターが、その人の「生きがい」を支援できるような場になれば、今以上に登録者は増えるでしょうし、**地域社会の活性化**にも一層寄与できるでしょう。

4

多彩なキャリアコンサルタント活躍の場

▼企業に働きかけてシルバー人材センターにホワイトカラー的な仕事を引いてくることもできる

　私の知人にシルバー人材センターに勤めた人がいるのですが、その方はセンターが行っていた仕事をさらに広げるべく、企業をまわって事務的な業務の受託も積極的に請け負っていました。登録にきた人の生きがいが、経験のある経理や総務的な仕事をすることにあると知って、彼なりに支援したいと思ったからということでした。

　キャリアコンサルタントは、個人と面談をするだけではなく、環境に働きかけて、その人がよりよく働けるようにしていくことを支援する仕事でもあります。このケースであれば、企業に営業をすることを通じて、**環境を自ら変えていく働きかけ**を行ったということになります。

　シルバー人材センターが、「キャリアコンサルタント募集」という形で求人票を作っているわけでは必ずしもありませんが、キャリアコンサルタントとしては、十分にその知識やスキルを発揮できる場であるということができると思います。

　シルバー人材センターの目的は、定年退職者などの高年齢者に、その人のライフスタイルに合わせた「生きがいを得るための就業機会」を提供すること。これは、まさにキャリアコンサルタントが行うべき仕事なのでは……。
　そのためには、キャリアコンサルタントが環境に働きかけて、企業から事務的な請負仕事を獲得していくといったこともあっていい。

　話は変わりますが、都道府県や市区町村などの自治体が、独自に就労支援の場を設けることがあります。これはシニア・高齢者層に限った話ではありませんが、そうした就労支援の場（施設）では、国家資格キャリアコンサルタントであることが、有利に働くことが多いでしょう。

　例えば、埼玉県は「**セカンドキャリアセンター**」という施設を県内数か所に設けています。**県の独自の施策**でできたものですが、主として高齢者層の就業支援の窓口になっており、相談業務もメインの業務です。もちろん、国家資格キャリアコンサルタントの有資格者が採用されて勤めています。

　セカンドキャリアセンターの一つは、「川越しごと支援センター」と呼ばれる施

4

多彩なキャリアコンサルタント活躍の場

設の中にあります。川越しごと支援センターは、川越市の施策の中でできた施設です。市がハローワーク川越と共同で運営する、仕事を探すための施設（窓口）です。ハローワークの出先が各自治体にあるといったイメージで捉えても間違いではないのですが、こうした施策を展開している自治体は非常に多くなってきています。

このような施設にも、キャリアコンサルタントの活躍の場はどんどん広がってきています。

UIJターンを促進する「移住相談員」も適した仕事

認定NPO法人ふるさと回帰支援センターは、全国45道府県の地域情報を揃えて、地方移住や田舎暮らしをしたい人をサポートする移住相談センターです。

ホームページを見ると、「**移住相談員**」や「**就職相談員**」という仕事があることがわかります。北海道から九州までほとんどの都道府県が相談窓口を持っていますが、その窓口には「移住相談員」や「就職相談員」がいるということになります。

「移住相談員」の方の自己紹介ページもありましたが、キャリアコンサルタントの国家資格者であると書かれている方もいました。

「**UIJターン**」の形で地方に移住しようとしたとき、もっとも問題になるのは仕事と住まいのことでしょう。とくに仕事については、いくらテレワークが発達してきたとはいえ、都市にいたときと同じように生活の基盤を築くことができるかどうか不安に思わない人はいないはずです。

こうした相談に乗るのは、私たちキャリアコンサルタントが得意とするところです。地方への移住を考えてはいるが、多くの不安事項があるという場合、そうしたクライエント（相談者）の気持ちに寄り添い、一緒に解決策を見出していくのが私たちの仕事です。ここにも、キャリアコンサルタントとしての、やりがいのある仕事の一つがあると言えます。

キャリアコンサルタントが進出していける仕事や施設はたくさんあるんですね。これからはキャリアコンサルタントの認知度もどんどん上がっていきますから、私たちにとっての活躍の場はさらに広がっていきますね。

4

多彩なキャリアコンサルタント活躍の場

個人事業者
―― 独立開業へのパスポート

独立開業したキャリアコンサルタントに多い委託契約モデル

　キャリアコンサルタントの資格を取得したら、それをベースに独立したいと希望されている方もおられるでしょう。ここでは、そう思われている方に情報を提供していきたいと思います。

　「**独立・開業**」と聞いて、イメージする内容はそれぞれ異なるかもしれません。「会社を新たに作って社員を雇い入れ、いつかは上場も目指すほどの企業に育て上げていく第一歩」とイメージされる方もいるでしょう。

　キャリアコンサルタント資格をもとに、**人材派遣業**や**人材紹介業**、民間で立ち上げることのできる**職業訓練校の新設**といった事業を考えている方もおられるかもしれません。事業の経営者になっていくという指向をもった方ということになりますが、キャリアコンサルタントの資格取得にあたり、とくに経営者になるための勉強が含まれているわけではありません。

　一方、「自身の専門性を生かして独立し、まずは雇われているという状態からは脱却する」と考えている方もいると思います。いわゆる「**士業**」と言われる、社会保険労務士や行政書士などの資格を取られる方の多くは、このパターンである場合が多いのではないでしょうか。キャリアコンサルタントの資格取得を目指している方の多くも、士業の場合と同じように考えている方が多いのではないかと私は想像しています。

　キャリアコンサルタントは「○○士」と名称についているわけではありませんが、士業の一つと考えてよいのではないかと思います。高い専門性を持って、BtoCやBtoBの仕事をするということでは、他の士業と同様です。

　BtoCとは、ビジネスtoカスタマーの意味で、一般の個人を対象として仕事をすることです。**BtoB**とは、ビジネスtoビジネスの意味で、企業や団体等を対象として仕事をすることです。例えば弁護士の仕事でも、個人を対象に主に離婚の案件を扱う弁護士（BtoC）もいますし、企業法務と呼ばれるような企業を対象とした案件だけを扱う弁護士（BtoB）もいます。

キャリアコンサルタントの資格取得は、独立開業に向けたパスポートとなります。

　さて、キャリアコンサルタントの仕事は、BtoCやBtoBのどちらの仕事が多いと思いますか。

　今までの話からでは、「BtoCの仕事が大半だろう」と考える方が多いと思います。国家資格の面接試験は、相談者個人とキャリアコンサルティングを行うという試験でしたし、本書のこれまでの職業紹介でも、個人と面談（キャリアコンサルティング）を行うような仕事が多かったと思います。

　たしかに、仕事の内容を見たときは、個人に対応する仕事が多いことは歴然です。個人としっかりと面談やカウンセリングができるという専門スキルを持っているのが、私たちキャリアコンサルタントだからです。

　しかしここで「お金の流れ」という観点で見てみてください。キャリアコンサルタントの中には独立している方もたくさんおられますが、その方たちは、例えば週に3日は大学のキャリアセンターで働き、後の2日は研修エージェントから紹介されるセミナーの講師業をしていたりします。

　名刺には「大学のキャリアセンターのスタッフ」と刷り込まれていたりしますが、意識としては独立開業している個人事業者です。士業で独立しているパターンと言ってよいでしょう。

　この場合、お金の流れとしては、大学や研修エージェントという団体や企業（つまりB）から入って来るということになります。大学キャリアセンターで行っている仕事内容自体はBtoCですが、個人事業者としてのお金の流れはBtoBで、クライエントは大学や研修エージェントという組織ということになります。

　契約形態は、**委託契約**や**請負契約**ということになる場合がほとんどです。雇用契約ではありません。

4

多彩なキャリアコンサルタント活躍の場

個人から報酬をもらうビジネスモデルでの独立（BtoC）

　独立開業しているキャリアコンサルタントで、BtoCだけでビジネスが成り立っている事例もあります。

　もっとも典型的なBtoCは、キャリアコンサルタントが、キャリアコンサルティングを行うサロン的な施設を開業しており、**相談に来た個人から「1回いくら」という形で費用を頂く**というものでしょう。エステサロンや占い、足裏マッサージ店などと同様の業態です。

　心理カウンセリング・ルームは、皆さんも街中で目にされたことがあるかもしれませんが、例えば「**キャリコン・ルーム**」を見かけることはほとんどありません。まだ認知されていない業態のようです。インターネットで検索をすると出てきますが、無料でのキャリアコンサルティングの提供をうたっているところもあり、これだけでビジネスを成立させているところは少ないようです。

　BtoCで成り立っている独立キャリアコンサルタントで最も多いパターンは、希望の就職先や転職先に行けるように個人をサポートしている場合です。街中で看板を出しているようなことはありませんが、インターネットで広報することで集客につなげています。

　希望する就職先に入れるように学生を個人的にサポートして、学生本人や父兄から報酬をもらいます。また、希望の転職先に移れるように個人サポートをして、**指導料を頂くビジネスモデル**です。

▼ 図表43：キャリアコンサルタントとしての独立開業パターン　～ BtoBとBtoC

BtoBの個人事業者	BtoCの個人事業者
・週3日：大学のキャリアセンターでキャリコン実施 ・週2日：研修エージェントの依頼で企業や自治体で研修実施 大学や研修エージェントなどの団体や企業が顧客＝BtoB [委託や請負契約で受託]	・個人向けの就職＆転職サポート事業を実施 希望する企業に入りたい、転職したい個人が顧客＝BtoC [将来的には会社組織にして拡大できる可能性あり]

　これは組織だって行っていけば、**会社形態**として規模を大きくしていくことも可能でしょう。将来的には人材紹介業や人材派遣業、研修業のビジネスモデルも取り込んで、総合人材会社に育っていくという可能性もありえます（図表43参照）。

組織の内面を扱う企業向けコンサル分野は今後のブルーオーシャン

　BtoBのビジネスモデルは、今後伸びていく領域だと思っています。図表44は、キャリアコンサルタントの業務内容を2つの軸で説明したものです。縦軸には「**個人－集団**」という軸をとり、横軸は「**外面的－内面的**」という軸をとっています。

　キャリアコンサルタントの仕事は、個人向けに面談を行うことが多いと考えれば、図の上半分の象限（第1象限と第2象限）を扱っているということになります。ただし、心理カウンセラーや精神科医が主に内面的なこと（第1象限）のみを扱うのに対して、私たちキャリアコンサルタントは外面的なことも扱います（第2象限）。

　個人における外面的な事柄とは、今までどのような仕事をしてきたかという客観的な事実や、それを**職務経歴書**や**履歴書**といった形にして定着させることなどを指します。

　キャリアコンサルタントは、キャリアシートの書き方指導といった**外的キャリア**（第2象限）について話をすると同時に、キャリアについてどう考えているのか、どう捉えているのかといった**内的キャリア**（第1象限）についても話をするのです。これを図では、大きな赤い楕円で示しました。

　また、私たちキャリアコンサルタントは、個人と面談をしている中で、**組織（集団）にも目を向けざるをえない**場面に遭遇します。

　例えば、上司からパワハラ的なことをされて悩んでいるという相談を受けたとします。この問題は、相談に来た本人だけで解決できる問題でない場合も多くあります。では、相談者と上司だけの問題かというとそうではなくて、その組織（会社）に根付いている文化（例えば会社全体のパワハラ体質）が根っこにあるということもありえます。

　そこでは、図における**第3象限に踏み込んで行かざるを得ない**ことも多いのです。相談者にとって適切な環境を作り出すために、私たちキャリアコンサルタントは、**会社組織という環境に働き掛け**をしていくこともあります。相談者の幸せを願えば、そうならざるを得ないこともあるのです。

▼ 図表44：第3象限を扱うキャリアコンサルタントになり独立開業のハードルを下げる

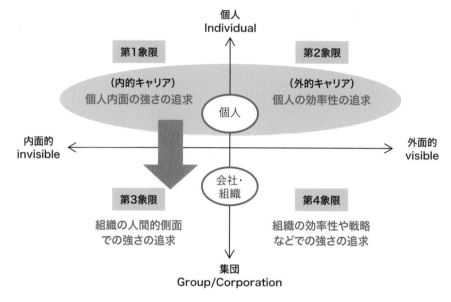

このことを、図表44では大きな赤い矢印として示しました。この領域（第3象限）は、「**組織の人間的な側面**」と言い換えることもできます。右下の第4象限が組織の外面的な事柄を扱う領域で、そこでは制度や仕組みなど、形ある文書等に落とせる事柄が扱われるのだとしたら、左下の第3象限は**文書には落とせないような事柄**が扱われる領域となります。

例えば、組織における人事面の事を考えてみます。第4象限では、人事制度や評価の仕組みなど、就業規則を始めとした文書で示せる事柄が扱われます。誰が見ても解釈が同じになる客観的な事柄と言ってもよいでしょう。

それに対して第3象限では、文書には書き表されないが、厳然として存在しているような人事面の暗黙の了解事項などが扱われます。社内の派閥の存在とその力関係で決まってくる人事異動といった事柄などが、一例として挙げられるかもしれません。

そもそも、その組織の雰囲気はどうなのか。明るいのか、ほのぼのとしているのか、ぎすぎすしているのかなど、公式な文書には出て来ない事柄を扱うのが、この第3象限と言えます。

仮に人事制度を上意下達的に変更したからといって、それで従業員のやる気が

アップするかというと、それは疑問です。では、**従業員のやる気を上げるにはどうしたらいいか**を組織の人間的な側面から考え、その解決へ向けての具体的な方策を考えていく──。そうした業務がありうるということはご理解いただけると思います。

心理学の素養も持ち、個人の内面（第1象限）を扱うことに長けてきたキャリアコンサルタントとしては、その延長線でこうした領域に踏み出していくことができると私は考えています。

この領域は、学問分野で言うと**組織心理学**という分野が扱ってきたものです。組織心理学は、エドガー・シャインというMITの教授だった先生の理論などが有名ですが、キャリアコンサルタントの学科試験にも頻出しています。つまり、キャリアコンサルタントは、この分野の知識も身に付けているということです。

従業員のやる気が低いといった**人の問題**をはじめ、組織の雰囲気が悪い、部署間の対立が収まらないなど、組織の人間的な側面での問題を抱えた企業は数限りなく存在します。そうした企業に対して、キャリアコンサルタントは、**広い意味での企業コンサル**をすることができると考えています。

これは、キャリアコンサルタントにとって新しい領域であり、また現時点で世の中に競合がそれほど多くないという点からみて、キャリアコンサルタントにとっての「**ブルーオーシャン**」（大きな利益を獲得できる可能性が高い大海原）といえるのではないでしょうか。

キャリアコンサルタントの前には、
人間的な面で企業の強さを作り出すという
企業向けコンサル領域で、ブルーオーシャンがひらけている

4

多彩なキャリアコンサルタント活躍の場

「取っても喰えない」とは言われない資格に

　キャリアコンサルタント養成講習は、所定の審査の後、厚生労働大臣の認可を受けて実施できるようになります。そこでは実施後も定期的に第三者による委員会を開催して質の維持向上を図っていかなければならないことが定められています。

　私たちが実施しているキャリアコンサルタント養成講習でも、運営委員会と称して、学識経験者の方やキャリアコンサルティングの実務家、企業経営者などからなる第三者委員会を年に2回ほど開催しています。

　あるときその委員会の中で、「キャリアコンサルタントを養成するだけではなく、**国家資格を取得した人たちが、しっかりと食べていけるようにしなければいけない**」といった話題が出されました。

　今の世の中では、たとえ超難関資格の弁護士資格を取ったとしても、その資格を取っただけで自動的に食べていけるようになるわけではないとはよく言われています。キャリアコンサルタントは難関資格ではありませんが、「取っても喰えない」状態にしてしまってはいけません。

　こうした第三者委員会からの答申を受けて、私たちの団体（一般社団法人地域連携プラットフォーム）は、企業向けの広い意味でのコンサル業務ができるようになるキャリアコンサルタントを育成しようと動き始めました。

　図表44の第3象限についての知見を深め、その領域で用いられる手法（例えば多人数に対しての研修手法など）を身に付けてもらうことによって、**企業向けのコンサル業務**ができるようになる──。そうした力をつけてもらうための、アドバンスド研修を立ち上げることとしました。

　アドバンスド研修では「**組織キャリア開発士**」という資格を取得できるようにしました。名称の由来は、「キャリア開発」というキャリアコンサルタントがすでに有している力に加えて、「**組織開発**」という力も身に付けた人材であるというところから来ています。

　組織開発は、一般に**OD（オーガニゼーション・ディベロップメント）**と呼ばれますが、最近は大手企業を中心として、この分野への関心が非常に高まってきています。

　組織としての人間的な側面（人と人との関係性や組織全体としての雰囲気など）に注目し、それを改善していく中で、組織としての強さを培っていこうとする実践活動です。70年ほどの歴史がある研究実践の分野で、学問分野で言えば「組織心

理学」や「**グループダイナミクス**」（集団の力学や力動を研究する学問分野）、あるいは「**実験社会心理学**」などと呼ばれる分野です。

　OD分野の実践（企業に対しての介入・コンサル活動）を通じて、蓄積されてきた様々な研修手法を自在に使えるように身に付け、また**多人数を前にしてファシリテーション**（グループや場が活性化するようにしていくこと）ができるようにファシリテーター訓練を行って、企業に対しての働き掛けができる人材になることで、「組織キャリア開発士」の称号が得られるようにしました。

　私たちの団体では、たまたまこうした資格を作りましたが、より一般化して言えば、**企業などの組織を良くしていくことは、私たちキャリアコンサルタントにとって非常に重要な役割**です。そのことを踏まえて、キャリアコンサルタントは、組織に対してのコンサル活動をこれまで以上に行っていくことが重要であると思われます。

　それはとりもなおさず、キャリアコンサルタントが資格を取得して、喰っていけるようになる道でもあります。

国家資格者という信用と自分自身への自信が独立開業を後押し

　最後に、キャリアコンサルタントは、名称独占資格の国家資格であるという点をもう一度強調したいと思います。

　世に経営コンサルタントを名乗る人は多いのですが、経営コンサルタントという職業は国家資格ではありません。中小企業診断士という国家資格を有している人が経営コンサルタントになっているという事例は多いですが、国が「コンサルタント」という名称についてお墨付きを与えているわけではありません。

　コンサルタントを名乗れる国家資格としては、キャリアコンサルタントの資格が一番著名な資格と言ってよいでしょう。

　国家資格を有しているということで、信用が上がるということは十分あります。

　私たちのキャリアコンサルタント養成講習を受講された方の中には、「占い」を業としている方もおられました。一人はタロット占いをされる方で、もうお一人は数秘占いの方でした。「顧客からキャリアについての相談を受けることも多いので」という理由でしたが、もう一つ「**信用力を高める**」という理由もあったようです。

　また、ビジネスマナーの研修講師をしておられる元キャビンアテンダント（CA）

の方は、「国家資格を一つも所有していないので、研修講師の仕事に比較的近い領域だと思えたキャリアコンサルタントの国家資格に注目した」とのことでした。キャリアの方面にまで自身の研修の幅を広げることで、仕事を増やしていきたいという意図もあったようですが、ここでも信用力をアップしたいという思いは強かったようです。

　国家資格という称号を得られることで、見えてくる世界が変わってくることもあります。本節で述べてきたように、国家資格を取ることで、就職や独立開業に有利といった面も大きいですが、**周囲からの信用**を得られやすくなり、またそれに伴う形で自分自身についての見方も変わってくるということもあるようです。
　国家資格に合格した皆さんが言われることは、「**自分自身に自信を持てるようになった**」ということです。周囲からの信用と、自分自身に対しての自信。この両者を得ることのできるキャリアコンサルタントの資格取得を、ぜひ検討して頂きたいと考えています。

周囲からの
信用

自分自身への
自信

国家資格の取得が
独立開業の大きな
武器に!!

副業・兼業、そして独立へ向けて
── 人生100年時代の"転ばぬ先の杖"

禁止規定は撤廃、国は方針転換して副業・兼業を推奨

　平成30年1月に厚生労働省は、「副業・兼業の促進に関するガイドライン」を発表しました。その中には「原則、副業・兼業を認める方向とすることが適当である」ことが明記され、それまでに示されていた「**モデル就業規則**」も変更されるに至りました。

　従来のモデル就業規則の中には「許可なく他の会社等の業務に従事しないこと」との規定があったのですが、これを削除して、代わりに次のような副業・兼業についての規定を新設して、就業規則の新しいモデルとしたのです。

第14章　副業・兼業

（副業・兼業）

第68条　労働者は、勤務時間外において、他の会社等の業務に従事することができる。

2 労働者は、前項の業務に従事するにあたっては、事前に、会社に所定の届出を行うものとする。

3 第1項の業務に従事することにより、次の各号のいずれかに該当する場合には、会社は、これを禁止又は制限することができる。

①労務提供上の支障がある場合

②企業秘密が漏洩する場合

③会社の名誉や信用を損なう行為や、信頼関係を破壊する行為がある場合

④競業により、企業の利益を害する場合

（厚生労働省「モデル就業規則」より）

　もちろん、秘密事項の漏洩や競合他社での兼業などは禁止できるとの条件つきですが、原則は**副業・兼業が、むしろ推奨され促進されている**のです。

4

多彩なキャリアコンサルタント活躍の場

　同ガイドラインには、変更された理由についての記載がありますが、まず現状を次のように記しています。

> 副業・兼業を希望する者は年々増加傾向にある。副業・兼業を行う理由は、自分がやりたい仕事であること、スキルアップ、資格の活用、十分な収入の確保等さまざまであり、また、副業・兼業の形態も、正社員、パート・アルバイト、会社役員、起業による自営業主等さまざまである。

　その上で、労働者と企業側のメリットをそれぞれ以下のように記載しています。

> **労働者メリット**
> ① 離職せずとも別の仕事に就くことが可能となり、スキルや経験を得ることで、労働者が主体的にキャリアを形成することができる。
> ② 本業の所得を活かして、自分がやりたいことに挑戦でき、自己実現を追求することができる。
> ③ 所得が増加する。
> ④ 本業を続けつつ、よりリスクの小さい形で将来の起業・転職に向けた準備・試行ができる。
>
> **企業メリット**
> ① 労働者が社内では得られない知識・スキルを獲得することができる。
> ② 労働者の自律性・自主性を促すことができる。
> ③ 優秀な人材の獲得・流出の防止ができ、競争力が向上する。
> ④ 労働者が社外から新たな知識・情報や人脈を入れることで、事業機会の拡大につながる。

　また、社会全体にとってのメリットについても、以下のように記載されています。

> オープンイノベーションや起業の手段としても有効であり、都市部の人材を地方でも活かすという観点から地方創生にも資する面もあると考えられる。

兼業をすることによる働き過ぎに対して留意が必要であることなどが示されてもいますが、「**三方良し**」的な形で副業・兼業が勧められています。

労働者側のメリットとして、「労働者が主体的にキャリアを形成することができる」や「自分がやりたいことに挑戦でき、自己実現を追求することができる」といった言い回しがされている点には注目したいと思います。

これは、**職業能力開発促進法**という国家資格キャリアコンサルタントの根拠となっている法律でもうたわれている、「労働者は、職業生活設計を行い、その職業生活設計に即して自発的な職業能力の開発及び向上に努めるものとする」（第3条の3）という文言とも呼応しているからです。

上記の条文は、言い換えれば「**キャリア開発の責任は労働者自身にある**」と国が宣言したということです。「主体的にキャリア形成しなさい」ということでもあるのですが、「その手段として副業・兼業もいいんじゃないですか」と国は勧めていると取れるのです。

企業側のメリットとして「労働者の**自律性・自主性を促す**」といった項目が挙がっていることも、上の話とつながっています。キャリア開発の責任は労働者自身にあると法律も言っているのですから、労働者には自律的・自主的になってもらわなくてはいけない。そのための手段として、副業・兼業が推奨されるということになります。

キャリアコンサルティングは副業にぴったり

さて、キャリアコンサルタントの話です。キャリアコンサルタントはその仕事がら、以上のような国の方針もしっかりと押さえておく必要があります。そうした思いから、長々と解説をしてしまいましたが、ここで言いたいことは、キャリアコンサルタントという国家資格を取得して、**キャリアコンサルティングを副業・兼業として行うことのメリット**です。

企業に勤めており、かつ国家資格を取得している人は、国家資格者の半数程度に達していると言われています。そうした人たちは、例えば土曜や日曜に行われる学生向けの**就職支援フェアのキャリアコンサルティング・ブース**で、学生たちに対してキャリアコンサルティングを行ったりしています。

これはほぼボランティア活動とも言えるのですが、そうしたところで修業を積み、個別のキャリアコンサルティングを有料で行えるようになる可能性は十分に

4

多彩なキャリアコンサルタント活躍の場

あります。

　別に、そうした修業をしなくとも、国家資格を与えられているのであれば、高らかに国家資格者である旨をPRしてよいのですから、インターネット等で宣伝活動を行って、企業勤務の時間外に、副業でフリーランスとしてのキャリアコンサルティング業務を行ってもよいのです。

　例えばインターネット上には、「**ストリート・アカデミー**」という、いわば大人の家庭教師を仲介しているサイトがあります。楽器演奏や語学学習、書道、各種スポーツなど、ありとあらゆるものがメニューに上がっていて、**有料で個人レッスン**が受けられるようになっています。

　キャリアコンサルティングはレッスンとは言わないでしょうが、この仕組みを使えば、相談者と面談をすることで報酬を得ることができます。「コーチングします」という情報は多々ありますから、キャリアコンサルティングも今後増えていくだろうと予想しています。「コーチングをします」という打ち出し方を、私たちキャリアコンサルタントがすることも可能です。

　また最近では、ズームやスカイプなどの**Web会議システムを使ったキャリアコンサルティング**も増えてきました。移動時間がないので、効率よく報酬を得られる可能性も高まります。

4

多彩なキャリアコンサルタント活躍の場

これから資格取得を目指す人への指導を副業にする

　私が存じ上げているキャリアコンサルタントの方の中には、人に教えることを副業としている人が何人もいます。

　例えば、大手企業に勤めている男性のAさんは、国家資格キャリアコンサルタントの**受験対策講座の講師を副業**として行っています。
　国家資格の試験は、時間を掛けるほど高い点数が取れるようになります。学科試験であれば50問中35問（7割）の正答で合格できるのですが、多くの時間を掛けた人は100点に近い点数を取ることができます。
　Aさんも96点という優秀な点数を取り、その後キャリアコンサルティング技能士の2級試験にも受かり、当初はボランティアで後輩の受験者の面倒をみていましたが、その後、副業として受験対策講座の講師を行うようになりました。

　Aさんの場合、講師をしているのは、自身が修了した養成講習の学校が主催する受験対策講座においてですが、受験対策予備校は受験者の増加に伴って増えてきています。個人であっても、比較的始めやすい副業と言ってもよいでしょう。
　優秀な成績で合格していなくても、合格した点数がついてまわるわけではありません。優秀な成績であったかどうかとは関係なしに、**これから受験する人に対して副業で指導**をしている人は何人もいます。
　実技試験についても、自身が経験をして突破しているのですから、その気になれば後輩の指導を行うことは可能です。

　また、別のBさんは、サラリーマンをしながら、副業として土曜日曜祝日などの休日とアフターファイブの時間を使って、受験をしようとしている人たちを対象とした**勉強会を主催**しています。
　Bさんは、上位資格であるキャリアコンサルティング技能士2級に合格しているわけではありませんが、自身の合格体験をベースにして、**後輩たちを集めてコミュニティ**を作り、そこで得られる収入を副業としているのです。
　私もその方が主催している勉強会に一度講師として呼ばれて話をしたことがありましたが、都心部にある公民館に、これから国家資格を受験するという人たちが20名ほど集まっていました。勉強会では、Bさんは講師ではなく、会を進行する司会者をされておられましたが、コミュニティの中には合格に向けた有益な情報が流れており、またBさんは会員の個別相談にも親身になって応じていました。

シンクタンクからインタビュー調査を請け負う

　養成講習でできた人脈から仕事を得て、副業をしている人もいます。例えば、調査活動を行って、それを**報告書にまとめる**といった仕事です。

　キャリアコンサルタントを取得したCさんは、民間のシンクタンクから調査の一部を副業として請け負いました。
　シンクタンクとは、公的機関や企業から依頼を受けて調査研究を行う業態です。**インタビュー調査**等を外注することも多いようで、キャリアコンサルタントは傾聴力があるのですから、こうした仕事にはうってつけと思われたようです。

　Cさんが請け負った仕事は、インタビュー調査に答えてくれる被験者を自身の人脈から探し出し、「退職後どのような仕事をどのような気持ちで行っているか」といったインタビューを行って、そのまとめを書くといったものでした。インタビュー調査一人あたりいくら、その後の報告書のまとめでいくらといった形で報酬を得る副業です。
　キャリアコンサルタントの、**人の話をよく聴けるスキル（傾聴力）**が評価されて、副業につながったという例です。

研修会社から研修コンテンツづくりを依頼される

　副業として、研修自体を作っている人もいます。
　私の知人のDさんは、企業に勤めており、キャリアコンサルタントとしての活動を10年来行っている人です。国家資格になる前の民間資格を取得していて、国家資格の制度ができたときに、登録をする形で国家資格者になっています。

　Dさんは、企業の人事部に勤めており、新入社員などに対して面談業務などもしているそうですが、人事部のもろもろの業務を行っています。
　Dさんが副業として行っているのは、**研修コンテンツを作る仕事**です。縁のあった研修会社に依頼されていたものです。例えば、新入社員向けの研修や、50歳時の研修などいわゆる階層別研修の内容を作ります。

　副業の報酬よりも、資格を取り、その後も勉強を続けてきた自身の知識やスキルが活きるということに、Bさんはとても満足しているそうです。

4

多彩なキャリアコンサルタント活躍の場

　企業内では自身の思うように仕事を進めることができないことも多く、ストレスを溜めてしまうこともあるということですが、副業として行っている研修コンテンツづくりは、自身の裁量で作り上げていくことができ、ストレスも溜まらないとのこと。

　企業での仕事と副業とでちょうどよいバランスが取れていると感じており、この副業ができていることをとても嬉しく思っているとのことです。

人生100年時代に向けてのセカンドキャリア戦略

　副業で力を付けて、それを**退職後の開業**につなげようと考えている人もいます。
　サラリーマン時代にボランティアに近い形で、国家資格を取ろうとしている後輩たちに面談スキル向上のサポートをしていた方が、退職後に、その活動をベースとして開業できたという事例があります。受験対策の講座を立ち上げたり、国家資格を取得した人たちに、その後のスキルアップ研修を提供するというビジネスです。

　退職までの何年かを準備期間として、キャリアコンサルタント資格を生かした副業をこなし、その活動をもとに、**退職後のセカンドライフ・ビジネスを構築**していくというのは、とても堅実で、またリスクも低い方策です。
　研修を行うビジネスに限らず、キャリアコンサルタント資格をベースとしたセカンドライフ・ビジネスの芽は、ほかにもたくさんあるでしょう。

　例えば、会社に勤めている間に人脈を広げ、退職後の**人材紹介ビジネス**や、**ヘッドハンティング事業**の基盤づくりを行うといった方策もありえます。
　また例えば、企業に勤めている時から、**研修エージェントに登録**をして、休日には研修講師としての仕事を少しずつこなしていれば、退職後は**本格的に研修講師としてデビュー**することが容易になると思われます。

　あるいは、企業勤務の傍ら、**学生たちの就職支援活動**を行っており、その仕事が徐々に忙しくなって、ついには会社を辞めて就職支援の仕事がメインになっていくといった形なども想定できます。
　ほかにも、それぞれの特性を生かした形での、退職後に向けた準備行動は、様々なものがイメージできると思います。
　いずれにしても、キャリアコンサルタント国家資格をベースとした準備活動と考えれば、領域も絞られていますから、ターゲットを特定しやすく、目標を定めや

4

多彩なキャリアコンサルタント活躍の場

すいと言えます。

「人生100年時代」と言われます。経済的な理由から、80歳を超えてもまだ働き続けることが求められる時代が来るとも指摘されています。キャリアコンサルタントの仕事は、極端に言えば、寝たきりになったベッドの上でも、インターネットを用いて行うことが可能です。

いくつになっても続けられる職種と言えます。

また、副業を考えたときにも、様々な可能性がイメージできる資格です。人生が100年になったとしても、仕事人生を長く考えていくことができる資格と言ってよいでしょう。

ぜひ国家資格キャリアコンサルタントの資格を取得し、人生100年時代の「転ばぬ先の杖」として頂ければと思います。

4

多彩なキャリアコンサルタント活躍の場

　サラリーマンの時から、会社を辞めた後のことを考えていれば、「転ばぬ先の杖」になる。国家資格キャリアコンサルタント資格は可能性に満ちた資格だし、そもそも死ぬまで生涯現役で働き続けることもできますね。

資格取得者
（キャリアコンサルタント）
の具体的プロフィール

　本章では、実際にキャリアコンサルタントの国家資格を取得された方たちのストーリーを紹介します。

　私が実施しているキャリアコンサルタント養成講習を受講して国家資格者になられた方や、以前から存じ上げているキャリアコンサルタントの方などの実例をもとにしていますが、実際の情報とは変えているところもあります。年齢と性別は、できる限りばらつくようにしました。

　ぜひ、キャリアコンサルタントを将来の選択肢としてお考えになる際の参考にして頂ければと思います。

1 スーパーのパートから キャリアコンサルタントへ

（43歳女性）

体のきつさと経済的な問題から転職を考えるように

S.Hさん（43歳）は、スーパーでのパートを始めて7〜8年になります。20代の半ばで結婚して2人の子供を産み、下の子が小学校に入ったのを期に、自転車で通える**大型スーパーにパート**で出るようになりました。

主婦業だけでは物足りないという思いもあり、夫からは30半ばで働き出すのは早いのではないかとも言われましたが、家計の足しにもなるからと言って働き始めました。

最初のうちはレジ打ちや商品の陳列などの仕事が主でしたが、働き出して4年目からは、子供たちに手もほとんど掛からなくなったこともあり、より**収入の良い早朝シフト**に移りました。

まだ陽も出ていない午前3時半には出社して、市場から届く魚などの生鮮食料品を店に運び入れ、商品として売れるように加工するのが主な仕事になりました。

こうして、朝の3時半から9時半まで仕事をするという毎日を送っていましたが、いくつかの状況の変化があり、その後の**生活について思い悩む**ようになりました。

一つは、**腰を痛めた**ことです。重い荷物を運ぶ力仕事の部分もあったためと思いますが、このままこの仕事を続けられるだろうかと考え始めました。

もう一つは、**夫がリストラ**にあったことです。夫はアパレル業界の営業職として長年、勤めてきていたのですが、業界自体の不振もあり会社を辞めざるをえなくなりました。

また、子供たちに掛かる**今後の教育資金**のことを考えると、**経済面でも**どうしたらよいかと悩み始めてしまいました。

●女性就業支援センターへ相談に行くと

どのような経緯で相談窓口のことを知るようになったのか、よく覚えてはいないのですが、たぶん同僚の女性たちが話していたのを聞いたのだと思います。自

宅の最寄り駅から3駅目の駅前に、女性が働くことについていろいろな悩みを相談できるセンターがありました。「**女性就業支援センター**」という名前で、政令指定都市になっている市が設置したものでした。

　駅前にあるし、近くだからという理由で、気軽な気持ちで窓口を訪れました。**スマートフォンですぐに予約**が入れられたこともハードルが低く、後押しとなりました。こうしてセンターに足を運んだことが、その後の人生を大きく変えるきっかけになるとは、そのときは思ってもみませんでした。

　相談窓口には、50歳代の初めくらいに見える女性がいて、私を迎えてくれました。清潔な白いシャツとパンツスーツ姿で、とても知的な感じがして、今までに接してきたことのないタイプの人のように感じたのを覚えています。後に「キャリアコンサルタント」という仕事を知ることになるのですが、この女性が私が**初めて会ったキャリアコンサルタント**でした。

　彼女は、**優しく悩みを聞いて**くれました。話が飛んでしまいがちな私の話を丁寧に聞いてくれて、時には前に私が言った言葉を繰り返して、話を元の道に戻してくれました。

　15分もすると、私はとても安心した気持ちになりました。私の状況や悩んでいる気持ちをとてもよくわかってもらえたと、心から思えました。「こうしたらいい」といった解決策が出てきているわけでもないのですが、「とても安全で安心な場にいるんだ」といった感情がわきあがってきました。

●私自身のことが少しずつわかりはじめる

　その後いろいろと雑談をしたように思いますが、女性就業支援センターを初めて訪れた日は、1時間弱ほどで面談を終えました。私の中に今後についてのイメージがまったくなかったので、私はとりとめもなく、ただ思いつくままに話をしていたように思います。次の**面談は1週間後**となり、私は**履歴書を書いて持参**することになりました。

　私は学校を出てすぐに結婚してしまったため、働いたのはスーパーのパートが初めてでした。職歴はそれだけです。学歴も何かの専門スキルを身に付けたといったものではありません。私には、これといった**売りがない**ので、転職をするといっても、また同じような仕事しかないのかもしれない。そんな考えが何度か頭をよぎりました。

5

資格取得者（キャリアコンサルタント）の具体的プロフィール

　キャリアコンサルタントの方は、次の面談でも優しく問いかけてくれました。「Hさんが好きだなと思うことを、**幼かった時まで遡って**思い出してみましょうか」。

　初めは、なぜ小さかった時のことなど思い出す必要があるのだろうと思いましたが、いろいろと思い出せたことがありました。例えば、小学校では副学級委員長をしてハキハキとした子供だったこと、中学や高校の時はよく友人の相談に乗っていたことなど。

　キャリアコンサルタントの方は、そうした話を、とくに良いとも悪いとも言ってくれたりするわけではないのですが、何しろとても**熱心に聞いてくれました**。時折、質問もしてくれて、私もいろいろと**エピソード**を語ってしまいました。

　私の中で、うっすらとではありますが、「**私ってこんなことが好きなんだ**」「**こんな人なんだ**」というイメージが少しずつ出来てきたように感じました。

●キャリアコンサルタントは自分に向いているかも……

　私の中に、あこがれにも似た感情が湧き上がってきました。それは、「私の担当をしてくれているキャリアコンサルタントの方のように、自分もなりたい」という気持ちです。

　正直なところ、彼女の「優しくて、知的で」といった**外見的**なところに魅かれている面も大きかったのですが、職業的にもキャリアコンサルタントという仕事は、もしかしたら**自分に合っているのでは**ないかと思い始めてきたのです。

　私がこれまでよくまわりの人たちの相談に乗り、自分でもそのようなときに心が喜んでいるといった感覚があったことは、思い出してわかっていました。

　その後、キャリアコンサルタントの勉強を始めてからは、友人とおしゃべりしながら相談に乗っていたなどという経験は、とてもキャリアコンサルティングの経験とは言えないということに気づくことになるのですが……。

　ただ、少なくてもそうした経験が、「自分がキャリアコンサルタントという仕事に向いているのではないかしら」という思いのきっかけになりました。

●キャリアコンサルタントへの道を後押ししてもらう

　キャリアコンサルタントという職業について、その後いろいろとお話を聞かせてもらいました。面談も何度目かになっていましたが、キャリアコンサルタントの方はご自身がなぜこの仕事をするようになったかという、その思いも語ってくれました。とくにご自身の経験やキャリアから、子育て女性の支援をしたいと強く思っておられるということについて、お話をしてくれました。

5

資格取得者（キャリアコンサルタント）の具体的プロフィール

「私もキャリアコンサルタントになれるでしょうか」と問い掛けたところ、いつもの優しさで、**「必ずなれます**。つながりを大切にして、学び続けていってください」と言ってくださいました。

また、情報提供もしてくれました。どのようにしたら最短でキャリアコンサルタントになれるのか。近くで開催している**養成講習**の学校もいくつか紹介してくれました。

私はその後、近くにあって、かつ受講料が他と比較して安い養成講習に通うことにしました。その学校が無料で提供している**受験対策講座**にも、同級生よりも数多く出席しました。その学校が出している問題集や解説書にも何度も目を通し、今までの人生の中でもっとも勉強をしたと思えるくらい勉強をしました。その養成学校の先生が、数色のマーカーで色付けされた私の**問題集**を見て、こんなにカラフルになった本を見たのは初めてだと驚いたほどです。

努力のかいがあって、養成講習を修了してすぐにあった国家資格の試験に1回で合格し、最短でキャリアコンサルタントの称号を手に入れることが叶いました。

何の気なしに女性就業支援センターを訪ねたときから数えると、**まだ8か月**しか経っていませんでした。試験を受けた時点では、半年ほどしか経っていなかったと思います。

●1年以内で希望するキャリアコンサルタントの職に就く

国家資格の登録をしてから、その資格が活きる今の職場に勤めるまでには3か月ほどの期間が掛かりました。経済的理由から、すぐに働き始める必要があったので、市役所での短期バイトに2か月間ほど勤めたからです。

現在の仕事は、まさに私が初めてお会いしたキャリアコンサルタントの方がしておられる仕事です。場所は違いますが、**市の出先のセンター**で、女性だけでなく若者層や退職が近い中高年層の方との面談もします。**就職支援の窓口**で、キャリアコンサルタントとして勤務しています。

今になって、私がキャリアコンサルタントになりたいと言い出したときに、女性就業支援センターのキャリアコンサルタントの方が言ってくださった言葉が身にしみます。

「必ずなれます、つながりを大切にして学び続けていってください」。

キャリアコンサルティングの仕事は、「極めた」といったことはないと思います。毎日違った相談者の方とお会いし、面談をしていく中で、「もっとこう言えば

よかった」「こうすればよかった」と思うようなことばかりです。

これからも**一生が「学び続け」**だと感じていますが、スーパーのパートで先が見えないような思いをしていた頃を考えると、ウソのようにも思えてきます。今はしっかりと前を見て、目標も見えている気がしています。

先日、2か月半にわたり毎週通っていたキャリアコンサルタント養成講習の学校に久しぶりに立ち寄りました。講師の先生からの第一声は、「まったく**雰囲気が変わりましたね。**最初お会いした時に比べると見違えるほどです」。

あこがれを抱いた、あの最初にお会いしたキャリアコンサルタントの女性のように、凛とした知的な雰囲気を、私も少しは身に付けることができたのかもしれないと、思わず嬉しくなりました。

5

資格取得者（キャリアコンサルタント）の具体的プロフィール

あこがれのキャリアコンサルタントになれてよかったですね。

2 人事マンが学生の就職アドバイザーに

（63歳男性）

雇用延長をするかどうか悩み、退職後の生活は不安

　M.Aさんは現在63歳ですが、今から数年前のことを考えると、「あの頃はいったい何だったのだろう」と、冷や汗が出る思いがすると言います。

　あと、2、3年で60歳となり、**長年勤めた会社を定年**となる。そこで退職をするか、あるいは**雇用延長制度**によって、**給料はほぼ半減**するがこの会社に残り続けるか――。決断までの時間はわずかしかない。そんな状況に陥って、かなりのストレスが溜まり、少しおかしくなっていたのが、当時のM.Aさんでした。

　雇用延長で会社に残った先輩たちの姿を見ていて気が滅入ったのは、先輩たちが決して幸せそうには見えなかったからです。文字通り**窓際**に机が与えられ、部下もおらず、ラインの仕事からは外されている。そのように自分がなることは耐えられないといった気持ちが正直ありました。かといって、会社を離れてしまって、いったい何ができるのか。そんな**葛藤**の中にいたそうです。

　「人生100年時代」と言われ始め、これまでと同じような普通の生活を送り続けるには、**生涯現役**で働き続けないといけない。そんな現実が見えてきていました。実際、**年金額**は前の年代の人たちからみたら**目減り**しています。自分の今後の生活や仕事をどうしていったらよいのかと悩む日々でした。

●キャリコンの勉強を始めて自身への理解を深める

　私は新卒で**大手の印刷会社**に入り、そのまま30数年間、その会社に勤めてきました。**総務**や**営業**も経験しましたが、サラリーマン人生のほとんどを**人事**の仕事をして過ごしてきました。

　人事マンの集まりの場で知り合った他社の人から、キャリアコンサルタントの勉強を始めたという話を聞いて、自分も軽い気持ちで**養成講習**に通い始めました。58歳になったばかりのときです。

　受講生は女性と男性が半々くらいで、人事系の仕事をしている人もけっこういました。自分の娘ほどに歳の離れた人事部に勤めている若い女性とも、同じ学びの仲間といった感覚で話ができて、それはそれで楽しかった思い出です。

　自分の人生を振り返るワークもありました。**ライフラインチャート**を描くもの
で、今までの人生を波の形で表してみました。
　また、「今まででもっとも印象に残っている仕事は何か」といった問いかけを、
自分自身にするセッションもありました。人事を中心として、今までに行ってき
たいろいろな**仕事を棚卸し**することもできた講習でもありました。

　「キャリアコンサルタントの学びは、相談に来た他者をどう支援するかという点
にあるのですが、そのためにまずは自身のことをよく知ることが重要です」といっ
た話が、講師からありました。「最初のクライエントは自分だと思って、自己理解
が深まるように自身と対話してください」と講師は言いました。最初に支援する
のは自分自身だ、というわけです。

　このような講習を通じたキャリアコンサルティングの学びの中で、**自身につい
ての「気づき」**をいくつか得られました。
　例えば、性格面で言えば、自分はとても**不安や心配事**を抱えることが多く、「将
来暮らしていけなくなったらどうしよう」といった悪いイメージを過度に持ちや
すいことがありました。

●**将来のキャリアビジョンも明らかになってくる**
　私が受けたキャリアコンサルタント養成講習は、通学は10日間でしたが、その
後半に「自分自身の将来像を明確にする」といったワークがありました。「資格を
取得したら、それをどう使って、今後の仕事人生を設計していきますか」という、
キャリアビジョンを描くワークです。
　講習の中で、他の人がキャリアビジョンを描けるように支援する力を身に付け
てきていたので、受講生同士でキャリアコンサルティングを行い、相手のキャリア
ビジョンの明確化を手助けするというセッションでした。

　私は、相手の方の問いかけに導かれる形で、自身の**将来の仕事像**を明確にしてい
くことが、徐々にではありますができてきました。それは、あえて一言で言うと
「キャリアコンサルタントとして**生涯現役**で生きていく」ということです。

●**雇用延長を受け入れるが気持ちは楽**
　自分にとっては、58歳の時にキャリアコンサルタントの資格を取得できたこ
とが**大きな転機**になったと考えています。考え方もそれまでとは違ってきたよう
に思います。

5

資格取得者（キャリアコンサルタント）の具体的プロフィール

　将来のことを過度に不安に思うというクセがわかり、自分を客観的に見ることができるようになりました。**心理学**はそれまでとくに学んだことはありませんでしたが、とても面白いと思えるようになりました。

　キャリアコンサルティングとずっと関わっていくという**目標**が見えてきたので、キャリアコンサルタントとして第二の仕事人生を送れるメドが立ったならば、雇用延長をするのはやめようと考えました。方向性がはっきりしたことで、不安な気持ちが薄らいだのがわかりました。

　60歳になる半年ほど前から、求人情報を調べて、大学のキャリアセンターやハローワークの相談窓口、そのほか「キャリアコンサルタント」というキーワードで検索して出てきた求人企業や団体にいくつか応募しました。

　面接まで行ったところもあったのですが、結局決まらず、**雇用延長**を受け入れることになりました。しかし、方向性が自分の中で定まっていたので、とくに悲壮感などはなく、気持ちが楽だったことを覚えています。

●メンタルヘルス不調の相談にのる

　雇用延長では、ルーティン的な仕事が大半です。給料が半分ほどになっているのですから、当然と言えば当然かもしれません。逆に言うと、それほど忙しいわけではないので、比較的**社内で自由に動ける**といったこともあります。

　キャリアコンサルタントの資格を取得していることは、会社には報告はしていましたが、社内に「キャリア相談室」のようなものがあるわけでもないので、とくに資格が社内で活きることはありません。しかし一方で、社内には仕事のことで悩んでいる人がいます。

　私のいる部署は研究開発部門で、私はそこでの人事経験が長いのですが、とくに研究職の人の中には、**メンタル面での不調を訴える人**が多くいます。公式な仕事ということではありませんが、私は空いた時間にそうした人たちの**相談に乗る**ことを始めました。「キャリアコンサルティングをします」といって始めたわけではなく、最初は立ち話の延長ともいえるような軽い相談からです。

　比較的自由に時間を使えたということもありますが、ちょっと悩んでいる人がいると、「彼に相談してみたら」と言われるようになりました。

　これは相談した本人（私の社内の後輩ということですが）にとってももちろん好評だったのですが、会社側としても、それで**長期に休む人が減ったり**、社内でのパフォーマンスが落ちなくて済むようになるのですから、好都合だったのです。

5

資格取得者（キャリアコンサルタント）の具体的プロフィール

　一度、人事部に「私がインフォーマルに行っているキャリアコンサルティングを、制度として採用したらよいのではないか」と提案したこともありました。私のような立場の者が、雇用延長でもやる気をなくさず、かつ社内で喜ばれるようになるには、キャリアコンサルタントの役割を果たすようになるのがよいのではないかと思ったのです。

　結局、私が社内にいるうちには、制度化というところまでは行きませんでした。検討中というところで、私が次の第二の人生を正式に歩み始められるようになったからです。

●大学のキャリアセンターで第2の人生を始める

　今私は、大学のキャリアセンターに勤務して、**大学生の就職支援**に当たっています。サラリーマン人生の中で行ってきた、人事部での人材採用経験が活きている仕事でもあります。

　今までは「採用する」立場でしたが、今度は、うちの学生を「採用してほしい」という立場で、学生たちをサポートしています。どのように**エントリーシート**を書けばよいのか、**面接を受ける時の注意**など、人事で培った経験を学生たちに伝えています。

　もちろん、学生たちとキャリアコンサルティングも行います。学生たちとの面談は、社内で行っていた面談とは違うところもありますが、社内で面談をしてきた経験は、自分の力として生きています。今勤務している大学は理工系の大学なので、技術者志向の学生が多くいます。その意味でも、私が主に技術スタッフの人たちと面談をしてきた経験が役立っています。

　私が今の大学に勤められるようになったのは、**研究者や技術者との面談経験**が評価されたからではないかと思っています。また、会社内でのキャリアコンサルティング経験を元にして、国家資格キャリアコンサルタントの上位資格である「**キャリアコンサルティング技能士2級**」という国家検定に合格できたことも、要素としてあったかもしれません。

　「企業内の人事スタッフから、大学での**就職支援アドバイザー**に転身した」というのが、私の**キャリアパス**になります。キャリアコンサルタントという仕事と巡り会えたことをとても嬉しく思っています。

資格取得者（キャリアコンサルタント）の具体的プロフィール

3 研修講師の幅を広げ、漠とした不安から脱却

（50歳女性）

CAからマナー講師、アラフィフになりこれでいいのかと悩む

「アラフォーではなく、もう**アラフィフ**になってしまいましたが」と語るのは、O.Sさん（50歳）です。

大手航空会社で**キャビンアテンダント**をした後、その子会社である**研修会社**に勤務して今に至っています。担っている研修内容は、**ビジネスマナー**です。客室乗務員としての経験が活きる分野です。

彼女はこれまで一人で暮らしてきており、アラフィフになって「今後も今までのような形で仕事を続けて行くだけでいいのだろうか」と考え出したと言います。

今の仕事を続けていくことはできる。でもそれでいいのだろうか——。研修講師としてのスキルをさらに上げていきたいという気持ちもあるし、また研修内容の面でも**ステージを上げていきたい**という気持ちもありました。

老後は年金とは別に2,000万円は必要だといった情報が、各種メディアで取り上げられたのも不安材料となりました。漠然としていると言えば、漠然としていますが、**不安の正体**が自分でも掴み切れないまま、「このままでいいのだろうか」という気持ちが募っていったそうです。

キャリアコンサルタントという国家資格があるという情報を聞いたのは、同じような研修の仕事をしている講師の仲間からだったそうです。養成講習の説明会で聞いた、「**自身の今後の方向性**も見えてくる」といった言葉が印象に残ったそうです。

●いつも通りにこなしていくという感覚が自分でも怖くなる

キャリアコンサルタントという職種があること、それが国家資格であることを知ったのは、研修仲間からでした。

同じような航空会社の子会社で、大学で教える講師を主に派遣している会社があるのですが、そこの講師は大半がキャリアコンサルタントという資格を取っているという話を聞いて、自分も取得できないだろうかと漠然と思ったのが最初でした。

　大学で学生に教えているのは「**キャリア開発**」についてだそうで、確かにキャリアコンサルタントの国家資格があった方がいいだろうなと思いましたが、自分のやってきたこととは違うなといった感覚でした。

　私が研修講師として担当してきたのは、一般に「**階層別研修**」と呼ばれている、新入社員向けの**ビジネスマナー研修**や、係長や課長になった時の**リーダーシップ研修**などです。

　キャリア開発といった要素が全くないわけではありませんが、とくにそうした知識や研修スキルがなくても務まってきました。ビジネスマナー研修などは、キャビンアテンダントだったときに鍛えられたベースがあるので得意でしたし、またそれが一番数も多い研修でした。

　このまま年を重ねていっても、それなりに暮らしていけるとは思いましたが、何か物足りないというか、「**このままでいいんだろうか**」という気持ちが以前からありました。研修の内容自体にもあまり発展性がないというか、行き詰まりのような感じがして、**閉塞感**がありました。「いつも通りにこなしていく」といった感覚になっていくのがちょっと怖いというか、そんな感じもありました。

●私の最初のクライアントは私自身

　キャリアコンサルタント養成講習の無料説明会に参加したのは、ちょうどそのような時でした。「キャリアコンサルタントの資格を取得するとこんなにメリットが大きい」といった話や、具体的な学習内容などの話でしたが、印象に残っているのは「**自分自身のキャリアビジョンも明確になる**」といった話でした。

　「自分はこのままでいいのか」という悩みでキャリアコンサルタントに相談に来る人は多いと聞きます。私自身がまさにそのような悩みを抱えていたといえます。キャリアコンサルティングの勉強をすることで、自分自身の悩みの解消にも役立つといった話が、無料説明会ではありました。

　カウンセリングなどを勉強して、他人（ひと）の悩みを解消するキャリアコンサルタントになるための養成講習ですが、その学習の中では、自分自身のキャリアについての課題や問題も扱うということです。「**最初の相談者（クライアント）は自分自身**」という言い方もあるそうです。

　他人（ひと）の話を親身になってよく聴き、一緒に解決の方策を探って行くに当たっては、まずは自分自身を対象として、そうしたプロセスを経験しておくことが重要だということでした。

5

資格取得者（キャリアコンサルタント）の具体的プロフィール

5

資格取得者（キャリアコンサルタント）の具体的プロフィール

「**自己理解の支援**」という言葉も出てきました。これは、相談者（クライエント）の方が自分自身のことをよくわかるように、キャリアコンサルティングを行って支援するという意味ですが、まずはキャリアコンサルティングを学ぶ自分自身が**自己理解を深める**体験がとても大事だとのことでした。

「自分は何になりたいのか」「何が好きなのか」「今後どうしていきたいのか」、こうした問いに自身で答えを出せるようになる。それを支援するのがキャリアコンサルタントなのですが、まずは自分自身を支援をする体験が、他の方をサポートするときにも役に立つのだという話は、私の中では腑に落ちました。

キャリアコンサルタントという仕事にも興味関心が高まりましたが、それ以上に、自分自身の**将来に対してのスタンスが明確**になるのなら、ぜひこの講習を受けてみたいと思ったのです。

●キャリアコンサルティングを勉強し「漠然とした不安」がなくなる

キャリアコンサルタント養成講習を10日間受け、最初の3日間程度は、自己探求の演習がいろいろあったと感じました。その後は、カウンセリング（面談）を実施するにあたっての基礎的なスキルを身につけるための演習が続き、最後の方では、自身の今後の**キャリアビジョン**（どうなっていきたいか）や、**キャリアプラン**（そこに行くにあたってどのような計画があったらいいか）について問われることが多かったと感じています。

正直申し上げて、キャリアコンサルタント養成講習を受講したことで、私の将来の姿がはっきりと思い描けるようになったわけではありません。
しかし、**傾聴**や「**受容・共感・一致**[*1]」といったカウンセリングスキルの基礎を身に付け、いくつかのキャリア理論を学んだことによって、私の中で何かが変わったように感じています。

それは、今まで感じていた「漠然とした不安」がなくなったことでしょうか。キャリア理論の中に「**プロティアン・キャリア**[*2]」という考えがあります。プロテウスという、変身が得意なギリシャ神話の神にあやかった名前だそうですが、その時どきの状況に合わせて、変幻自在に姿かたちを変えていくキャリアをいいます。そこで大事なのは、「自分がどう満足しているかといった、自身の気持ちにある」と私は解釈しました。

5

資格取得者（キャリアコンサルタント）の具体的プロフィール

　私は、短期的な目標として「国家資格を取得し、その後はビジネスマナーの講師も続けながら、キャリア開発についての研修もできるようになっていく」ことを、10日間の講習の最終日に発表しました。

　「プロティアン・キャリア」と言えるほど大げさなものではありませんが、自分の中では、「今までの自分とは違った自分になっていく」という感覚が芽生えてきていたのを感じています。

　「周囲がどう見ようと、自分の満足できる道を歩んでいけばいいんだ」という心持ちになり、重荷が下りてとても楽になったように感じていました。漠然とした不安もなくなっていました。

＊1　受容・共感・一致：来談者中心療法を創始したアメリカの臨床心理学者カール・ロジャーズが、セラピーやカウンセリングを行うときの基本的な姿勢として挙げた3つの要素。キャリアコンサルタントも含めて、面談（カウンセリング）を行う者にとっては、ベースとなるあり方とされている。

＊2　プロティアン・キャリア：アメリカの組織心理学者ダグラス・ホールが唱えた概念で、社会や環境の変化に応じて柔軟にキャリアを変えていくこと、そしてそこでは内的キャリア（自身がいかに心理的に満足できるか）が重要であるとされる。

5

資格取得者（キャリアコンサルタント）の具体的プロフィール

自分自身の将来について思い悩んだときにも、キャリアコンサルティングの学びは有効なんですね。

4 倉庫でのアルバイトから念願の人材系企業に就職

（27歳男性）

就活に失敗しそのままアルバイト生活を続けていたが……

J.Sさん（27歳）は、大学卒業時に希望する会社に入れずに、学生の時から**アルバイト**で勤めていた**倉庫の仕事**をそのまま続けていました。

たまたま自宅近くの勤め口で、軽い気持ちで始めたアルバイトだったので、大学卒業と同時にやめるつもりでいたのですが、希望する仕事に就けなかったこともあり、ダラダラとそのまま続けてしまっていました。

本人の希望は、**人材系の仕事**に就くことでした。例えば、人材派遣業や紹介業、あるいはメンタルヘルスチェックを行っているような会社をイメージしていました。

第2新卒での採用にトライしようともしたこともありましたが、体調がすぐれなくなったり、家庭の事情で介護のニーズが発生したりと、本格的に就職活動に取り組むことができないままに時間が過ぎていきました。そのため、時間的に余裕があり、内容的にもよくわかっている学生時代からのアルバイトをそのまま続けているという状態でした。

●3年程ずるずると就職活動をせずにアルバイト生活に

大学を卒業した時は、**就職氷河期**がまだ尾を引いており、決して良い就職状況ではありませんでした。自分なりに頑張って就職活動を行ったつもりでしたが、希望する会社には入れませんでした。

落ち込んでいたときに、学生時代から続けていたアルバイト先の倉庫業の社長から、「そのままウチで働けばいいじゃないか。中途採用の道もあるんだし、希望する会社に入れたら、いつだってウチは辞められるんだから」と言われ、その言葉に甘えるかのように、アルバイトを続けることになってしまいました。

こちらから毎週何曜日と決めればOKという職場だったので、週3日ほどから始めて、3か月後くらいには週5日の勤務にしました。**経済状況**が心もとなくなっ

たからです。そうなると、就職活動に取れる時間も少なくなり、だんだんと就職活動をすること自体が**面倒くさい**と思うようになってしまいました。

そんな感じでアルバイト生活を続けてしまった期間が、**いつの間にか3年間**になってしまいました。

●職業訓練の受講を決めたことが転機につながる

転機となったのは、たまたまハローワークに行って、ある職業訓練を受けたことでした。

ハローワークにはずっと行っていなかったのですが、何かの用事で近くを通る機会があったので、ちょっと立ち寄ってみたのです。

「どんな所に就職したいと思っていたのですか」と聞かれ、学生の時に受けた人材系の企業の話などをしました。そうした企業をいくつか受けてみることも進められたのですが、同時にたまたま受講生の募集がかかっていた「**キャリアカウンセラー養成科**」という**職業訓練（求職者支援訓練）**の情報も教えてもらいました。

人材派遣業や紹介業など**人材系のビジネス**に進みたいのなら、こうした勉強をしておくといいかもしれないといったことを、ハローワークの職員の方が伝えてくれました。

受講料は無料で、しかもその受講中の4か月間については、私の場合、**月10万円の給付金**が得られるということもわかりました。

職業訓練は、毎日9時から午後3時くらいまでのカリキュラムでした。週に20時間未満ならば、**アルバイト先で働いていても訓練校に通える**ということだったので、アルバイト先の就業時間は半分ほどにして、訓練校中心の生活を始めました。

●「キャリアカウンセラー養成科」で多様な人たちと共に学ぶ

職業訓練での学びの中で、キャリアコンサルタントという国家資格があることもわかりました。「キャリアカウンセラー養成科」で学ぶ内容も、キャリアコンサルタントになるための学びと重なっている部分は多いのですが、職業訓練を修了したからといってキャリアコンサルタントの受験資格が得られるわけではありませんでした。

しかし、訓練校の講師が言うには、「ここで学んだことは、もし受験資格が得られれば、合格できるだけの内容だ」とのことでした。

訓練には、いろいろな人たちが通っていました。すでに若者サポートステーショ

5

資格取得者（キャリアコンサルタント）の具体的プロフィール

ンなどに勤めてきた経歴があって、3年以上の実務経験があるという方もいました。国家資格キャリアコンサルタントの受験資格があるので、ここで勉強をすれば受かりやすくなるということで通っているとのことでした。

　また、とくにキャリアコンサルタントになるわけでもないし、私のように人材系のビジネスに就職したいわけでもなく、「**周囲との人間関係をよくしていきたい**」「人との付き合い方や**コミュニケーション力**を高めた上で企業に就職したい」と思って来ている人もいました。

　メンタルヘルスの不調で企業をやめた過去があって、そうした点での関心からこの勉強をしてみたいと思った人もいました。

　職業訓練ですから、**終了後は必ず就職**をしなければならないのですが、一般企業への就職を目指している人の方がむしろ多かったくらいです。

　人材系に就職したいという意味で同じ志向をもった人はいなかったのですが、いろいろな立場や考えの人と一緒にキャリアについての勉強ができたことは、とても有益だったと今でも思っています。

●大臣認定のキャリアコンサルタント養成講座にも通って受験資格を取得

　私は、「人材系の企業に行きたい」という気持ちがありましたので、国家資格キャリアコンサルタントの資格が欲しいと思いました。人材派遣会社や紹介会社では、国家資格キャリアコンサルタントを評価してくれると聞いていたからです。

　訓練校を修了しただけでは、受験資格は得られないことがわかったので、並行してキャリアコンサルタント養成講習にも通うことにしました。安価なところでも20数万円が掛かるものでしたが、学校と交渉をして**1年間の分割払い**で参加を認めてもらいました。

　土曜日ごとの10日間の講習であったため、訓練校の日程とも重ならずに養成講習を修了することができました。この時は、養成講習の通学課程の学習（自宅で行うレポート作成作業や問題解き）もあったので、とても忙しい思いをしたことが思い出されます。

　職業訓練校からの強い勧めで、就職活動もかなりしなければなりませんでした。人材系の企業である**人材派遣業**や**人材紹介業**、EAPと呼ばれる**メンタルヘルスチェック**を行っているような企業、障害者の就労支援を行っている団体などに応募したのですが、面接まで行っても最終的には採用にまで至りませんでした。

　第一志望は人材派遣業か紹介業だったので、そうした企業はたくさん受験したのですが、訓練校に通っている間に受けたところは全滅でした。

5

資格取得者（キャリアコンサルタント）の具体的プロフィール

かなり落ち込みましたが、訓練校を修了して1か月後くらいには、キャリアコンサルタント養成講習も修了となりました。自宅で行う通信課程も何とかクリアしていたので、修了証をもらうことができました。

●受験資格があるだけで志望企業に採用される

その後、また人材派遣業などを受けることになるのですが、驚いたことに、最終面接で国家資格の受験資格を持っていることを言うことができた1社目の人材派遣業で、**採用が決まった**のです。

まだ国家資格者にもなっていない、ただ**受験資格を得ただけ**という段階でしたが、そのレベルでも評価をしてもらえたのです。とても嬉しく思いましたし、また自分に対して自信もつきました。

人材派遣を行う企業ですが、最初に配属されたのは、人材派遣スタッフの派遣先である携帯ショップでした。そこでショップ店員として1年ほど働いた後、今は本社で**人材派遣のコーディネーター**の仕事に就いています。

実は、国家資格については、忙しくて勉強を進めることができず、まだ受験はしていません。早く取得したいのはもちろんなのですが、まとまった勉強時間が取れず、そのままになってしまっています。反省です。

しかしこの資格を目指したことによって、それまでの不安定なアルバイト生活から抜け出すことができ、第一志望であった人材派遣会社に正社員として就職できたのですから、それだけでも満足しています。

国家資格の取得については、いつまでに取得すると目標を定め、一回で合格できるようにしたいと考えています。

5 資格取得者（キャリアコンサルタント）の具体的プロフィール

5 人事スタッフ＆マネージャーとしての成長に

（39歳女性）

国家資格を取得することで人事スタッフとしての自信を得る

　　IT系企業の人事部に勤めて10数年になるM.Aさんは、**30歳代半ばで管理職**となりました。入社以来ほとんど人事畑を歩んできており、新入社員の採用、教育、階層別研修の実施などの業務を経験してきました。

　　周囲に、**CDA（キャリア開発アドバイザー）**や**産業カウンセラー**といった資格を取得した先輩たちがいたので、キャリアコンサルタントや産業カウンセラーという言葉については、以前から知っていたとのことです。しかし、世間話のように話を聞いたことはありましたが、自分が当事者になって資格を取得するといった発想はとくになかったといいます。

　　しかしマネジメントをする立場になったときに、「**管理職**として自分の根拠となるものが何か欲しい」といった感覚になったそうです。

　　ちょうど、キャリアコンサルタントが国家資格になってまだ間もない頃でした。「知識やスキルを身につけて、仕事に直接的に役立てばいい」という思いもあったそうですが、それ以上に国家資格を得ることで、**自分自身に自信**を持ちたいという気持ちも強かったと言います。

●マネジメント職について部下との距離の取り方に悩む

　新卒で人事に配属されたときには、とくに人事部の仕事に強い関心があったわけではなかったのですが、徐々に仕事にも慣れてくると、この仕事の面白さに気づいてきました。

　とくに**新入社員の採用の仕事**をしていたときの印象が強いです。学生向けの説明会の準備と開催、面接試験等の段取り、内定を出してからのフォローとその後4月に入社してからの**社員研修**といった一連の業務をとても楽しんでいました。
　業界でとくに知名度が高いというわけでもないので、自社をしっかりとわかってもらえるように、チームで話し合って、他社ではやっていないアイデアを出したり、**合同説明会**では揃いの目立つユニフォームを着たりして、学生に注目してもら

5

資格取得者（キャリアコンサルタント）の具体的プロフィール

えるように工夫しました。

30歳前後のときに**育休**をとっていた時期もありましたが、その後も私は、**人事評価制度**の見直しの仕事をしたり、スキルアップ研修を担当したりと、一貫して人事スタッフの道を歩いてきました。

35歳で**係長**になったとき、メインの仕事は社内研修でした。IT企業なので社内には多くのエンジニアがいますが、客先常駐という形で、普段は社内にいない人も多くいます。そうした人も含めて、研修をどのように実施したらいいか。スキルアップを図るのはもちろん、研修という場を通じて同じ会社の社員なのだという**一体感**や会社への**帰属意識**などをどう高められるかも考慮すべき重要な要素でした。

この頃、**部下とどのような距離感**を取ればよいのか悩むようになりました。部下から尋ねられて「こうした方がいい」と指示をしたとき、部下はその指示に従うのですが、**何か不満げな表情**が見てとれることもありました。部署での**懇親会**を企画したときも、必ずしも全員が喜んで参加してくれたわけではないことも感じられました。初めてのマネジメント職だったので、いろいろと戸惑った点が多々あったのです。

●キャリアコンサルタント養成講座への受講を決める

そのような時に、かつて先輩から聞いていたキャリアコンサルタントや産業カウンセラーの話を思い出しました。「人の話をよく聴けるようになったので、**周囲との人間関係**もスムーズになった」といった話が、頭の片隅に残っていたのだと思います。

調べてみると、キャリアコンサルタントの資格が国家資格に格上げされていることがわかりました。また、**メンタルヘルス**についての勉強も含まれているということもわかりました。IT系企業ではメンタル面の不調を訴える人が多いので、そうした面でもこの資格の勉強は役立つのではないかと思いました。

マネージャーになってからの2、3か月ほどは、前任者のやり方を踏襲して仕事を進めていましたが、徐々に自分なりの工夫をしていきたいと思うようになっていました。しかしもう一つ自分自身に自信が持てないというか、自分なりのやり方を進めることについて躊躇がありました。

国家資格を取得することで、そうした自分から一歩抜け出せるのではないかといった期待も正直あったと思います。土曜日ごとに講習を行っている養成講座に参加して、国家資格の受験資格を得ることにしました。

● 「傾聴」と問いかけの大事さを学ぶ

　キャリアコンサルタントの養成講座で習ったことは、**徹底的な「傾聴」の姿勢**でした。**相手の立場**にたって、その人が語りたいことに耳を傾ける。それがたとえ自分の考えと違っていたとしても、まずは受け入れる。そうした**「受容」する態度**が重要だということです。

　会社での自分の姿を思い浮かべると、部下の発言を最後まで聞かずに「それはこうした方がいい」といった対応をしていることがあると反省しました。こちらも忙しい時であったりすると、つい効率を求めて、**早く結論を出そう**としてしまう傾向があることに気づきました。こうした態度は、部下との関係を決していいものにはしていないということにも思い至りました。

　講座の中では、このような態度を「問題解決志向」と名付けていました。早くに問題を解決しようとしてしまう対応のことです。企業内で鍛えられてきたサラリーマンの中には、この「問題解決志向」がかなり根強く染みついてしまっている人が多く、そうした人たちは国家資格の面接試験では合格できないといった話も出ていました。

　私自身は、それほど**「問題解決志向」**が強く染みついているとは思っていませんが、「傾聴」ということと「問題解決志向」は対極になるということは理解できました。相手の話をよく聴き、**適切な質問**（問いかけ）をすることで、相手が自分から「こうしたいです」と言ってくることが理想だといった話も印象に残っています。それでこそ、部下も納得して、自分から率先して仕事をするようになるというわけです。マネジメント職として、**部下と接する時の基本**のようにも思いました。「コーチング」ともいえる対応だと思いました。

　自分自身のことで言えば、今でも「傾聴」がしっかりできているかは疑問ですが、少なくとも部下の話を**最後まで聞く**ようにはしています。また、部下が自ら**気づき**を得られるような適切な問いかけをするように心がけているつもりです。これが命令形になってしまうと、部下のモチベーションが高まらないと思っているからです。

　理想的な問いかけや質問形を言うことができているかどうかは心もとありませんが、そうしようといつも自分に言い聞かせるようにはなりました。

5

資格取得者（キャリアコンサルタント）の具体的プロフィール

●メンバーがやる気になり自己効力感もアップ

その後、マネージャー会議の席上で「Aさんのところは**メンバーが皆やる気に**なっているからすごい」と他の部署から言われるようになりました。そう言われたとき、とても嬉しかったことを思い出します。

また、国家資格に一回目（初回受験）の試験で合格できたことが、自分の**自己効力感**をアップさせ、**自信**につながったことも事実です。

業務内容面でも、社員研修の場面では、私たちの部署からの新しい工夫を、従来にはなかった形で取り入れました。これも私がチームリーダーとして、上に「このように変えていきたい」という意見をしっかりと自信をもって伝え、了解をもらえるようになったからです。

初回受験で合格したことで、**専門実践教育訓練給付金**からは受講料の7割が戻ってきました。10万円でかなりおつりがくるぐらいの費用で国家資格が取得できたことになり、これから子供の教育費にお金が掛かっていく自分にとっては、とてもありがたい制度でした。

今では折に触れて、**後輩たち**に自身がこのキャリアコンサルタントという資格を取得した経緯や、その後の変化などについて語っています。それはかつて自分が聞いていたことに近いといえます。

その当時の自分はまったくピンときていなかったので、今の後輩たちもきっとピンと来ていない人の方が多いでしょう。もちろんそれでOKです。いつか私のように、先輩の話を思い出して、彼ら彼女らが自分の人生を拓いていってくれたら、こんなに嬉しいことはないのですから。

5

資格取得者（キャリアコンサルタント）の具体的プロフィール

6 副業・兼業から始め人生100年時代に備える

（46歳男性）

老後30年生きるには2,000万円必要に危機感を抱く

　機械部品の製造メーカーに営業マンとして勤めるM.Kさんは、40歳代の半ばになって、子供たちの義務教育が終わったとき、ふと自分自身の将来のことを考え始めました。

　あと10数年で**定年退職**。その後**雇用延長**があって65歳まで勤めるとして、あと約20年。会社のことは好きだし、ずっといたいという気持ちはあるが、この業界もご多分に漏れず厳しい状況です。潰れることはないかもしれないが、少なくとも右肩上がりになっていくことは想像できません。

　そうした中で、「自分は今のままでいいのだろうか。もしかしたら**早期退職を強く勧奨される**といったことも近い将来、現実に起きるかもしれない」と思いました。

　金融庁の金融審査会が「平均的な夫婦が老後30年を生きるためには、約**2,000万円の資金が必要**」と発表したとのニュースも出て、M.Kさんも衝撃を受けたといいます。

　高齢夫婦の平均的な年金額が月に約21万円なのに対して、平均的な消費支出は26万5,000円。差し引くと毎月約5.5万円の赤字となり、その30年分は1,980万円となります。仮に65歳から95歳まで30年間生きるとしたら、2,000万円が必要という試算です。

　M.Kさんが、キャリアコンサルタントになるための勉強を始め、**アフターファイブの副業**として**人材紹介**の仕事を始めた背景には、このような危機感がありました。

●副業のきっかけを作ってくれた飲み友達

　私自身は、**営業マン**としてそこそこの成果を上げてきたと思っていますし、会社にも貢献してきているつもりです。しかし同じ**製造業界**の中で、貢献度の高い優秀な営業マンにも容赦なく**退職勧奨**がなされているのは目にしています。

　運よくそのようなことにはならなかったとしても、60歳や65歳になれば確実

に今の会社を去ることになるのですから、その後の生活にも目配りしておかない
わけにはいかないと思っていました。

最近では、**副業**や**兼業**に対する世間の考えが変わってきていて、国の方針でもモ
デルとして発表している就業規則の文言から「副業・兼業禁止」の条項を消すとの
ことです。私も真面目に今の会社にだけ収入を頼っているという状況を、なんと
か変えたいと考え始めていました。

そうした思いを現実的に後押ししてくれたのは、私の10数年来の飲み友達とも
いえるIさんの存在でした。

●同じ営業マンとして共感し人材紹介業に興味

Iさんは大学卒業後、通信機器を扱う企業に入社し、法人向けの営業マンとして
優秀な成績をあげていました。しかし3年ほどで辞めて、人材紹介会社に転職し、
幹部まで昇進した後、独立して、今は人材紹介の仕事を**フリーランス的**に行ってい
ます。

私がIさんから刺激を受けたことは多々あります。Iさんもかつては私と同じ営
業マンでしたが、同じような性能の製品を売り込む際に重要なのは「**人間力**」だと
思って仕事に取り組んでいたとのことです。

実際、要求にいち早く誠実に対応するIさんを評価してくれて、大口の発注をし
てくれる顧客もいたそうですが、一方では、最終的には1円でも安くした製品が受
注されるといった経験が何度もあったそうです。そこでIさんは、モノを扱う営業
は自分には合わないと思うようになったとのことでした。

Iさんは、「自身の人間力がもっとダイレクトに発揮でき、かつその成果がはっ
きりとわかる仕事はないだろうか」と探して行きついたのが、**人材紹介**の仕事だっ
たと言います。人材紹介業が扱う商品はヒトです。モノのように同じ製品であっ
たり、同様の性能や機能をもった他社製品ということはありえません。一人ひと
りがユニークな存在です。

Iさんが行っているのは、一人ひとりと面談をして、その人の**転職をサポート**す
ること。面談では**転職希望者の本音**を聞き出し、時には曖昧な本人のニーズを明
確にして、その人が希望する企業への転職を可能にするという仕事です。人材を
欲している企業に紹介した人が就職すると、その人の**年収の15～30％の報酬**が
紹介先の企業からIさんに入る仕組みです。

Iさんの「営業は人間力だ」という話や、またモノではなくヒトを扱う営業職であ

る人材紹介業という仕事に、私はとても興味を持ちました。しかし、それは飲み話であり、あくまでも私とは違う世界での話と捉えていました。

　何度か伺ったⅠさんの話が、急に現実味を帯びて動き始めたのは、Ⅰさんから「キャリアコンサルタント養成講習」を受けないかと誘われたときからでした。

●キャリアコンサルタント養成講習の受講が第一歩に

　Ⅰさんは、キャリアコンサルタントという資格を持って人材紹介業を行っていましたが、かつてその資格を取得するために一緒に学んでいた友人が、新たに「キャリアコンサルタント養成講習」を自ら立ち上げることになったので、受講生を紹介して欲しいと頼まれたとのことでした。

　その「キャリアコンサルタント養成講習」は、10日間の講習を受け、通信課題をこなすことで、国家資格の受験要件を満たすようになるというものでした。毎週土曜や日曜ごとに10週間通えば、すぐに国家試験を受験でき、国家資格キャリアコンサルタントになれるとのことです。

　Ⅰさんに「その国家資格を取れば、人材紹介業ができるようになるのですか」と尋ねたところ、「国家資格キャリアコンサルタントの取得がそのまま人材紹介業を行うこととリンクしているわけではないが、**資格を取得していた方が有利**だし、**信用力も高まる**」といったことを答えてくれました。

　このとき初めて、Ⅰさんが会社を立ち上げていて代表であること、またその会社が人材紹介業の**免許**を国から取得していることがわかりました。その免許（国の許可）を取るためには、今はとくにキャリアコンサルタントの国家資格を個人として持っている必要はないが、将来的には必須になるのではないかといった見通しも話してくれました。

　かねてからⅠさんが行っている人材紹介業に興味があった私は、Ⅰさんが勧めてくれた「キャリアコンサルタント養成講習」の受講生になることを決めたのです。

●人材紹介業を始めるとの目標を明確にして受講

　私は、養成講習の10日間を「私は人材紹介を始める。そのためのスキルをこの講習で身に付ける」という目的のもとで受講しました。実は、Ⅰさんとその後もコミュニケーションを進めており、私の気持ちの中では、国家資格キャリアコンサルタントに合格した暁には、今の**仕事を続けつつ**、**副業としてⅠさんの仕事を手伝う**と決めていたからです。

5

資格取得者（キャリアコンサルタント）の具体的プロフィール

　そのような目的で講習に出ていると、人材紹介にとって参考になる情報やノウハウ、カウンセリングのスキル等が、自分でも驚くほど入ってきました。講師が語る実際のキャリアコンサルティングのやり方に対する説明も、「これを転職を希望している人材の場合にあてはめてみたら、どういうことになるのだろう」という視点で聞いていましたし、また何度も行った**カウンセリング演習**でも、転職希望者をイメージしてスキルを磨けるように意識していました。

　10日目に「この国家資格を取得したら、それをどう活用していきますか」という受講生各自の発表の時間があったのですが、そこで私は臆せずに「**副業として人材紹介業**を始めます」と皆の前でシェアし、他の受講生から拍手の励ましをもらいました。

●副業開始後は1年足らずで3ケタの収入に

　現在、私はまだ「若葉マーク」ではありますが、国家資格キャリアコンサルタントとして、Iさんと一緒になって人材紹介の仕事をしています。もちろん製造業での営業マンとしての仕事はそのまま続けていますから、副業としての仕事です。

　アフターファイブの時間や**土日祝日**を使って、**転職を希望する個人と面談**をします。面談の相手も仕事を持っている人が大半であるため、むしろ夜の時間や休日の方が都合がいいのです。

　一方、求人企業との連絡はもっぱら**メール**です。それでとくに支障が起きることはありません。求人情報は主に、ハローワークやインターネット上の大手の求人情報サイトには出ない情報を扱っています。

　フォーマルになっていない求人情報を専門に扱う**人材エージェント**（会社）があり、そうしたエージェントは大手・中堅企業やベンチャー企業が**秘密裏に出す求人情報**を収集して、Iさんや私たちのようなフリーランス的に人材紹介を行っている者に情報を流してくれるのです。

　転職希望者からの引き合いは、主として**人脈ネットワーク**や口コミ、インターネットのサイトから来ます。また、キャリアコンサルタント養成講習を実施している団体が一方で職業訓練（求職者支援訓練）も行っており、そこに集まっている受講生（訓練を受けた求職者）からも引き合いがあります。

　まだこの副業を開始してから1年にもなっていないのですが、年収数百万円の人材紹介が成約していますので、この副業から得た収入はすでに100万円にはなっています。

第**6**章

キャリアコンサルタント
に向く人、向かない人

　本章は「キャリアコンサルタントに向く人、向かない人」と題しましたが、Q&Aの形で、キャリアコンサルタントを巡るいろいろな疑問に答えていきます。

　ここまで述べてきたことと一部重複する話もありますが、よりわかりやすい語り口で理解いただけると思います。順番にお読みいただかなくても、関心のあるところからお読みください。

第6章

1 年齢性別は関係ない資格
── 生涯現役で一生働くための手形に

Q 大学生なのですが、キャリアコンサルタントの国家試験を受けることはできますか。

　大学生でも、厚生労働大臣が認定する(キャリアコンサルティングの)講習の課程を修了することで、国家資格の受験は可能となります。

　大学在学中に、キャリアコンサルタントの資格を取得しておくことのメリットは多々あります。

　まず、企業の採用試験を受けるときです。面接にあたる企業スタッフ、とくに人事部のスタッフの多くは、キャリアコンサルタント資格についての知識を持っています。そのため、資格を持っている学生には、**一定以上の評価**を与えてくれると予想できます。

　人事部のスタッフは、自身も国家資格者かもしれませんし、これから受験しようと勉強している人もいるかもしれません。そうしたスタッフは、ある種の**親近感**を抱いてくれるでしょう。

　また、キャリアコンサルティングの学びの中で身に付けた**傾聴力**や**質問力**は、その後の人生で大いに役立ちます。傾聴をし、適切な質問ができるようになることで、周囲との人間関係が良くなりますので、学生生活だけでなく、その後の社会生活にとって大きな財産となるでしょう。

　さらに、**他者に対しての影響力**もアップします。それは**営業力**や**販売力**にもつながります。傾聴力や質問力は、**コミュニケーション力**と言い換えることもできると思いますが、それは企業が採用時にとくに重視していることの多い力でもあります。採用面接の際にも威力を発揮するのではないでしょうか。

Q キャリアコンサルタントの受験に年齢制限はないと聞きましたが本当ですか？　小中学生や高校生でも受験できるのですか？

　厚生労働省は、キャリアコンサルタント試験は、次のいずれかの要件を満たした

方が受験できますとホームページに明記しています。

> ・厚生労働大臣が認定する講習の課程を修了した者
> ・労働者の職業の選択、職業生活設計又は職業能力開発及び向上のいずれかに関する相談に関し3年以上の経験を有する者
> ・技能検定キャリアコンサルティング職種の学科試験又は実技試験に合格した者
> ・上記の項目と同等以上の能力を有する者

一つ前の回答と重なりますが、大学生も含めてどんな年齢の方でも、厚生労働大臣が認定する講習の課程を修了していれば受験は可能ということになります。

では、厚生労働大臣が認定する講習を受講するための条件はあるのでしょうか。
とくに定められてはいないようです。ですから、高校生であっても、極端な話、小中学生であっても、講習を受けることは可能ということになります。
講習を受けることで、キャリアコンサルティングについての基礎が身につくことになるのですから、当然、**国家資格の受験資格も得られる**ということになります。

ただし、個人的な感想を述べると、「厚生労働大臣が認定する講習」の講師を私も務めていますが、もし小中学生が受講生であったら「やりにくいだろうな」とは思います。キャリアコンサルティングを学ぶ上では、「**社会に出て働く**」ことへのイメージをある程度抱けていることが大切だからです。個人的には高校生ぐらいになれば、とくに問題はないようにも感じています。
気象予報士も国家資格ですが、確か11歳が最年少合格記録だったと思います。キャリアコンサルタントについても、制度上は可能ということになります。

 Q キャリアコンサルタントは生涯現役で活躍できると言われていますが、100歳のお年寄りでもキャリアコンサルタントになれますか？

厚生労働大臣が認定する講習では、とくに**年齢に制限はもうけていません**。90歳でも100歳でも受講することは可能です。その課程を修了すれば、国家資格キャリアコンサルタントの受験をすることも可能となります。

どれほど高齢であろうと、キャリアコンサルタントになることができ、また何歳

6

キャリアコンサルタントに向く人、向かない人

になってもキャリアコンサルタントを続けることができるということです。

　足腰が立たなくなって、寝たきりになってしまっても、zoomやskypeなどの**Webコミュニケーションツール**や**電話**などを使って、キャリアコンサルティングは可能です。

　生涯現役でキャリアコンサルタントとしての仕事を続けることはできるのです。

> **Q** 定年退職後の第二の人生の仕事として、キャリアコンサルタントは最適であると聞きましたが、本当ですか？

　キャリアコンサルタントという仕事が「最適」であるかどうかは、その人にもよりますが、多くの方にとって**退職後の選択肢**として、有力な候補の一つとなることは間違いないと思います。

　65歳を過ぎると、マンション管理や警備、介護分野での仕事、シルバー人材センターでの仕事など、主としてブルーカラー的な限られた仕事しかないと言われます。しかし、もしも何らかの**専門性の高いスキルや国家資格**を有していれば、状況は変わってきます。キャリアコンサルタントもその一つと言えます。

　まず、第4章でもいろいろと紹介しましたが、ハローワークなどの公的機関をはじめとして、若者サポートステーション（サポステ）などの公的な援助施設、大学や専門学校など教育機関のキャリアセンター、一般企業の人事総務系、人材系ビジネスなど、**勤め先探しの幅**がひろがります。

　また、独立開業への道も開けてきます。キャリアコンサルタントの仕事を、単に「一対一のカウンセリング」的なイメージだけで捉えるのではなく、**企業に対するコンサルティング**もできるというスタンスで臨めば、顧客は中小企業も含めて無限にあると言えます。

　例えば、国が力を入れて推進している制度に「**セルフ・キャリアドック制度**」があります。この制度は、キャリアコンサルタントが従業員に対して、**定期的に一対一の面談を行う**というものです。「人間ドック」のように、年に一度もしくは何年かに一度の割合でキャリアの棚卸を行えば、従業員のモチベーションは上がり、中小企業は活性化します。そこでは、従業員を集めた研修も効果的です。中小企業の社長と話して、こうした制度導入のコンサルを行うのです。

　独立開業したキャリアコンサルタントには、このような仕事も可能になります。実際、組織心理学をベースとした組織開発（OD ／ Organization Development）と

いう分野の勉強を深めて、企業向けのコンサル活動を始めた定年退職層のキャリアコンサルタントの方が、私の周りには何人もおられます。

　もちろん人によって「向き・不向き」はあるでしょう。それについては後ほど詳しく述べますが、一つのお勧めは、**退職前から副業・兼業**として、キャリアコンサルタントとしての活動を始めることです。その中で向き・不向きはおのずとわかってきますし、退職後の仕事の感触もつかめてきます。

　土日祝日の勉強でキャリアコンサルタントの国家資格を取得し、副業もアフターファイブや休日に行っていけば、**無理なく退職後のセカンドライフに備える**ことが可能となります。

　キャリアコンサルタントの国家資格は、生涯現役で**一生働き続けるための「通行手形」**にもなりうるのです。

6

キャリアコンサルタントに向く人、向かない人

国家資格キャリアコンサルタントに年齢制限はありません。たとえ100歳になっても受験はできますし、また生涯現役でいくつになってもキャリコンとして働き続けられます。

2 適性はあるのか？
—— なりたいという意思が何よりも大事

Q 自分はキャリアコンサルタントに向いているのかわかりません。何か調べる手立てはありますか？

「自分はどんな仕事が向いているのかわからないので、ぜひ教えてください」と相談に来られた方がいたら、キャリアコンサルタントはどう対応すると思いますか？

まずはその方の話をよくお聞きします。「今までどのようなことに興味関心を持ってきたのか」「今までにどんな職業に就きたいと思ったことがあるのか」などです。そうした話の中から、その方の望んでいるものを整理し、それを現実社会の状況に当てはめて、その方が自ら解決策を見出していけるように導いていきます。

ですから、自分が**キャリアコンサルタントに向いているかどうか**知りたいと思ったら、ぜひキャリアコンサルタントのもとに相談にいらしてください。ハローワークをはじめとした公的機関も多々あります。無料で相談に乗ってくれる場も用意されています。

●アセスメント（検査）を通じて自身の適性を知る

一方、自分がキャリアコンサルタントに向いているかどうかを、客観的な指標で知りたいという方もおられます。そうした相談者に対して、私たちキャリアコンサルタントは、**アセスメント（検査）**についての情報をご提供することもあります。

例えば、**ホランド**という人が考えた六角形のモデルは、職業についてのアセスメントによく用いられます。

図表45は、**ワールド・オブ・ワークマップ**と呼ばれるものです。中心にある六角形の6つの各頂点から線が伸びており、その先の円周上には、R、I、A、S、E、Cの6つのアルファベットが書いてあります。

この**RIASEC（リアセック）**と呼ばれる6つの要素が、職業に対する興味の領域を示すものとされています。その内容は、図表46で説明しています。例えば「R」は現実的領域と呼ばれ、「機械や物を対象とする具体的な活動をすることが好き」といった、その人との職業と結びついた興味関心の分野を示してくれます。

▼ 図表45：ワールド・オブ・ワークマップ

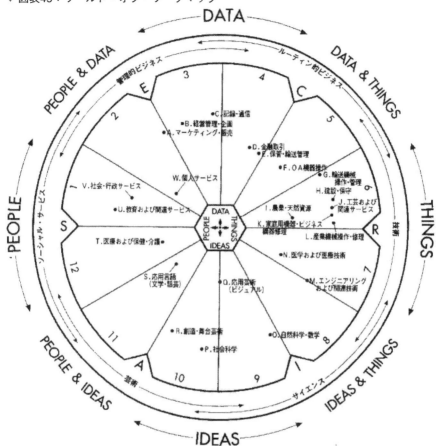

　RIASECの6つの領域のどこに興味関心が高いのかを、質問に答える形で検査するテストがいろいろと開発されているのです。

　キャリアコンサルタントのもとに行くと、30 ～ 40分かける本格的なパソコンでの検査を紹介してくれることもあります。すると、RIASECの6項目についての興味の度合いが数字で出てきます（ハローワーク等の公的機関でも行ってくれる場合があります）。

　また、50枚ほどの小さなカード（**VRTカード**）を使って、10分程度でRIASECの傾向をつかむ検査もあります。職業名が書いてあるカードを並べていくだけで、ゲーム感覚でおおよその傾向がすぐにわかります（図表47参照）。

　この理論はよくできていて、ワールド・オブ・ワークマップでみると、右にあるR（現実的領域）と左にあるS（社会的領域）は、ちょうど対極にあります。**モノ（THINGS）に興味がある人**と、**ヒト（PEOPLE）に興味がある人**は、向いている仕事もかけ離れている場合が多いというように読み取ることができるのです。

　他の領域でも同様のことが言え、多くの場合、興味が高く出る領域は、SAIやRIAのように隣り合った領域です。

▼ 図表46：職業興味の6類型（RIASEC）の特徴

R	現実的領域 Realistic	機械や物を対象とする具体的な活動をすることが好き（例：技術者、機械オペレーター）
I	研究的領域 Investigative	研究や調査などのような活動をすることが好き（例：研究者、学者）
A	芸術的領域 Artistic	音楽、美術、文芸など芸術的な活動をすることが好き（例：ミュージシャン、デザイナー）
S	社会的領域 Social	人に接したり、奉仕的な活動をすることが好き（例：教員、販売員）
E	企業的領域 Enterprising	新しい企画を考えたり、組織を動かすような活動が好き（例：放送ディレクター、会社経営者）
C	慣習的領域 Convensional	定まったやり方にしたがって、手堅い活動をすることが好き（例：事務員、会計士）

　高く出た領域を上から3つ順番に並べて「SEA」といったように示すことを**スリーレターコード**と呼びます。このコードによって、その人の向いている職業を見つけるというやり方もあります。

　ワールド・オブ・ワークマップ上にも職業の名称が配置されているのがわかりますが、スリーレターコードで考えていくと、より詳細に向いている職業を判定することができます。

　実は、「キャリアコンサルタントに向いている人のスリーレターコードはこれだ」という言い方がされることがあります。

　キャリアコンサルタントは人と接する仕事ですから、まず**「S」（社会的領域）**の要素は必要です。また、現実に即して社会組織の中で、その方に適した仕事を一緒に探して行く場面が多いので**「E」（企業的領域）**への関心も必要だと言われます。さらに、「カウンセリングはアート（技芸）である」という人もいるように**「A」（芸術的領域）**への関心も必要だという説もあります。

　そう考えると「SEA」というスリーレターコードになるのですが、もちろん異論

もあります。「SEC」や「SEI」が適切だという人もいますし、実際キャリアコンサルタントの職に就いている人の中には「SIC」という人もいます（スリーレターコードは、必ずしも隣り合った領域でない場合もあります）。

●適職検査の結果はあくまでも参考に

　回答が長くなっていて恐縮ですが、最後に一つだけ重要なことを付け加えさせてください。

　それは、アセスメント（検査）の結果に惑わされないということです。キャリアコンサルタントは、こうした適職検査を行う前に、相談に来られた方に対して、テストの限界についての話をしっかりとします。「限界」とは、例えばホランドの6角形にしても、一つの切り口を提供しているだけにすぎず、それが**絶対的ではない**ということです。

　仮に、相談に来られた方が「キャリアコンサルタントになりたい」と希望していたとします。そして、その方が望んでテストを受けたとします。このとき、もしもその結果が「キャリアコンサルタントには向いていない」と一般的に言われるスリーレターコードであったらどうしますか？

　もちろん、その意思決定はご本人がすることです。テストの結果を参考にして、キャリアコンサルタントになることを考え直す人もいるかもしれません。しかしここでも、キャリアコンサルタントは、この結果はあくまでも一側面であることを再度強調して、本人がどうなっていきたいのかという気持ちに寄り添い、それをお聞きしていきます。もしも、キャリアコンサルタントになりたいという気持ちが強いのであれば、そうした観点から、**テスト結果を読み解いていく**こともできるのです。

　例えば、**「I」（研究的領域）**が高い方であれば、そうした要素がどうキャリアコンサルタントとしての仕事に生かせるのかを考え、それを強みにできるように一緒に考えていきます。「I」の人が持っている分析的・研究的な志向が、キャリアコンサルティングに役立つ場面は容易に想像がつきます。

　「R」（現実的領域）が高く出た方についても同様です。ヒトとの関わりに興味をもつ「S」と、モノに興味をもつ「R」は、対極だと述べましたが、この2つの要素がスリーレターコードの中でともに高く出る場合もあります。そうした方がキャリアコンサルタントになったとしたら、エンジニアなど技術系の職業に関心を持つ人たちに対して、とても共感をもって接することができるのではないでしょうか。**技術系の仕事に強みを持ったキャリアコンサルタント**として、基盤を築いていける可能性があると思います。

　キャリアコンサルタントは、基本的にはその方の意思を尊重します。キャリアコンサルタントに興味関心をもち、その仕事に就きたいと考えている方がおられるとしたら、その意思をまずは大事にします。その上で、もしもいくつかのハードルがあるのだとしたら、そのハードルについても整理して、どうクリアしていくのかを一緒に考えていきます。

　私個人の気持ちとしては、本書を手に取って少しでもキャリアコンサルタントに興味関心を持って頂けたのであれば、ぜひ**キャリアコンサルタントという生き方**を、**人生の選択肢**に入れて頂きたいと思っています。

▼ 図表47：VRTカード

●キャリアコンサルティングも活用して意思決定は自分自身で

　その際は、「自分に向いているだろうか」とか、「適性があるだろうか」とか、そうしたことを考える前に、キャリアコンサルタントを目指すという**意思**をぜひお持ちください。適性の前に意思ありき──これはあくまでも個人的な意見ですが、ぜひそう考えて頂きたいと思っています。

　なお、ホランドの診断は、今ではインターネット上でも簡易に行うことができるようになっています。例えば、「適職診断　ホランド」と検索すれば、数分のうちに簡単なテスト結果を自ら短時間で出すことができるサイトを探すことができます。
　しかし、できればそうしたもので安易に自身の方向性や将来を決めるのではなく、プロのキャリアコンサルタントのもとをぜひ訪れて、じっくりとご**自身の将来像**を見つめる時間もお持ち頂きたいと強く願っています。

6

キャリアコンサルタントに向く人、向かない人

> **Q** 企業で管理職に就いていた者は、キャリアコンサルタントには向いていない、という話を聞いたのですが、本当ですか？

　以前から、**大手企業の部長職**にあった方は、キャリアコンサルタントの試験には合格しづらいと言われてきました。**問題解決的な対応**を身につけており、それを修正することができないから、というわけです。

　問題解決的な対応とは、ビジネス上で何か問題や課題が発生したときに、**解決策**を瞬時に判断し、**適切な指示や命令**を部下に出して、その問題や課題をできるだけ早く解決するというような対応です。ビジネス面ではとてもすばらしい能力であるし、多くの人が身に付けたいと望む力でもあると思えます。
　しかしそうした素晴らしい力が、なぜキャリアコンサルタントには向いていないと言われるのでしょうか。

●指示・命令はラポール形成が十分にできてからにする
　上記の例で言えば「指示・命令を部下に出し」というところにあります。
　まず、キャリアコンサルティングで対応する相手は「部下」ではなく、「クライエント」（相談者の方）です。部下であれば、組織内の役割からして指示・命令を出しても何ら問題はありませんし、部下も職務として従うでしょう。
　しかし、キャリアコンサルティングの場面でそれを行ってしまうと、クライエントからの反発が起きる場合が往々にしてあります。

　こうしたことを避けるために重要なことは、「**ラポールを形成**」をすることです。ラポール形成とは、「人間関係を構築する」とか、「クライエントとの間に心理的な橋を架ける」とか、いろいろな言い方がされますが、要はクライエントから**信頼してもらえる**ようになるということです。
　クライエントとの間に信頼関係ができていれば、「こうした方がいいと思うよ」といった指示・命令的な話が出たとしても、クライエントは納得し、逆に素晴らしいアドバイスをもらえたと喜ぶことも多いのではないでしょうか。

　国家資格の面談試験はわずか15分間ですので、指示・命令を出せるほどの信頼関係を時間内に築くのは、一般的には難しいのではないかと言われています。そこで不用意に「こうした方がいい」的な問題解決型の対応をしてしまうと、**性急**であるし、クライエントにも**受け入れられない**ということになってしまい、試験の点数が低く出てしまうことがあるのでしょう。
　これが、よく言われる「部長職だった人は合格しづらい」の内実だと思います。

●**問題解決スキルはキャリアコンサルタントにとっても重要**

そうした問題解決力は、キャリアコンサルタントにとって必要ないものなのでしょうか。

そんなことはないと、私は思っています。クライエントとの信頼関係が取れた後は、そうした能力は大いに威力を発揮します。クライエントが相談に来られた理由も、自身の**問題・課題を解決したい**という点にあるのですから、1時間ほどのキャリアコンサルティングの時間の中で、有効な解決策に至りたいと思っているに違いありません。

問題解決をすることが、キャリアコンサルタントには課せられていると考えてよいのです。

ただしここで注意が必要なことは、その解決策がクライエント側にとって**腑に落ちる**、納得のいくものでない限り、解決策にはならないという点です。クライエントは部下ではないのですから、キャリアコンサルタント側が考えた解決策を受け入れてくれるかどうかはわかりません。

クライエントに**納得してもらえる**解決策を出すにあたって、最も効果的なやり方は、クライエント自身が**自ら解決策を考え、言葉にできるようにする**ことです。キャリアコンサルタント側から言い出すのではありません。

実は、キャリアコンサルタントの実力は、「いかにしてクライエントに、自ら解決策を出してもらえるようにするか」という点にあるのです。そのためには、**有効な問いかけ**が必要となります。「質問する力」がキャリアコンサルタントには求められているのです。

●**問題解決には「質問力」と謙虚さが大事**

質問力については、私は問題解決に向けた力が役立つと思っています。

キャリアコンサルタントは、「あなたはこうすればいい」と、そのままの形で解決策を言葉には出しませんが（指示・命令的になってしまう恐れが多いので）、キャリアコンサルタントなりに、「こうしたらいいのでは」という仮説は持っているのです。

「例えば、私だったらこうする解決する」というものですが、そうした解決策を思いつくかどうかは、それこそ部長職などの管理的キャリアをお持ちの方が得意とする領域なのではないでしょうか。

「大手企業の管理職だった人はキャリコンには合格しない」というのは一つの都市伝説。「傾聴」の姿勢が身に付けば、試験には必ず合格します。

　ただし、ここで重要なことが2点あります。1点目は、独りよがりの解決策にならないことです。クライエントはキャリアコンサルタントとは別人格なのですから、あたかもその人になったかのように、その人を**共感的に理解**して、その視点からの解決策である必要があります。

　2点目は、問いかけ（質問）の仕方が**謙虚**であることです。キャリアコンサルタント側が考えた解決策は仮説に過ぎないのですから、いくら共感的に相手を理解して、相手の立場に立ったものだと思っても、それが受け入れられる解決策（提案）かどうかはわかりません。あくまでも謙虚な態度で質問をすることです。「このようにするとこうなるように思えるのですが、ご自身としてはどう思われますか？」といった聞き方は一つのモデルかもしれません。「このようにすれば解決すると思えるので、こうしたらどうですか？」的な発言は、謙虚な問いかけではなく、指示・命令に近いと言えます。

●発言を繰り返し、クライエント自身が解決策を見出せるようにする

　上記のモデル以上にベターな聞き方は、クライエントが語った内容を**繰り返す**ことで、クライエントが解決策を自ら見出していくように導くやり方です。

　「先ほどはこのようにおっしゃっていましたが、それは今おっしゃっている話とは、ここが少し違うように思えるのですが、その点についてはどのように思われているのですか？」といった形での質問も繰り返しの質問の応用例です。

　クライエントの発言の中での矛盾点（前に語った内容とその後に語った内容との違い）を指摘していくやり方ですが、質問の声のトーンの中に、決して批判的なトーンが混じってはいけません。「キャリアコンサルタントとして、もっとあなたのことをよく理解したい（**共感したい**）ので、ぜひこの点をもっと詳しく教えてください」という謙虚な姿勢が、相手との信頼関係につながっていくのです。

6

キャリアコンサルタントに向く人、向かない人

●「管理職経験者は試験に受からない」は都市伝説

　話を戻しますと、問題解決能力や相手の話を聞きとって整理する問題整理能力など、ビジネス社会で培ってきた力は、キャリアコンサルティングの場面でも十分に役立つものなのです。むしろそれがなければ、良いキャリアコンサルティングはできないと言えるくらい重要な要素でもあります。

　いくつかの注意して頂きたい点にさえ留意すれば、「管理職経験者は試験に受かりにくい」といった言説は俗説であり、まさに誤った**都市伝説**にすぎません。

> **Q** あえてキャリアコンサルタントには向いていない人を挙げるとしたら、どんな人ですか？

　あえてキャリアコンサルタントには向いていない人を挙げるとしたら、「**柔軟性の低い、頑固な人**」と言えると思います。

　キャリアコンサルタントになるための演習として、初期に行われるのは、多くの場合、**傾聴**の訓練です。傾聴とは、他人の話をよく聴くことです。

　このときに大事なことは、どのような考えや感じ方をする人であったとしても、その人をまずは**無条件に受け入れる**という心構えです。「自分とかなり異なった考え方や感じ方をする人は、とても受け入れられない」となると、傾聴もできなくなってしまいます。

　どれだけ他者を受け入れられる柔軟性があるのかは、その人の懐の深さや広さなどと捉えられることもありますが、そうしたものがキャリアコンサルタントには必要となってくると思います。

　あえて、キャリアコンサルタントに向いていない人を挙げるとすれば、他者を受け入れにくい性格の持ち主、言い方を変えれば頑固な人になるかと思います。

> **Q** 転職経験がたくさんあったり、キャリアが豊富でないと、キャリアコンサルタントには向いていませんか？

　転職の経験やキャリア（職務経験）の豊かさは、キャリアコンサルタントにとっての必須の条件ではありません。

　学生の間に国家資格を取得して、社会人としての第一歩がキャリアコンサルタントの仕事であるという場合も想定できるのですから、キャリアコンサルタント

自身の職務経験はとくに問われるわけではありません。

　しかしながら、自身の様々な経験がキャリアコンサルティングを行ったときに沁み出してくるということはあると思います。その意味では、多くの経験をしていた方が、キャリアコンサルタントとしての**厚みや深み**につながりやすいといったことは、一般論としては言えそうです。年齢を重ねた方が、キャリアコンサルタントとしての円熟味が増してくるということです。

　そうした意味で、キャリアコンサルタントは、**一生の仕事**とするにはとても良い仕事だと思います。それまでの経験が円熟味といった形で活きてくるのですから、**加齢に伴うハンデは少ない**ということになるからです。

　しかし繰り返しになりますが、転職経験がたくさんあったり、キャリアが豊富でないと、キャリアコンサルタントには向いていないということではありません。

　そもそもキャリアコンサルタントは、**すべての職業のことをよく知ることは不可能**なのですから、相談に来られた方から**謙虚にお聞き**するというスタンスを持っていれば、それで済むことなのです。

　一方で、もしも自分には職業や仕事内容に対しての知識や体験が少ないと自覚されているのでしたら、ぜひ普段からいろいろな方の**仕事経験を聞く機会**を意識的に作ってください。例えば、**異業種交流会**などに参加して、自分と違った仕事をしている人の話を興味をもって聞くといった姿勢です。**映画**やテレビを観るときでも、そうした視点から観ることです。あるいは、**小説**などからも学べることは多いと思います。

　様々な機会をとらえて、世の中の仕事や、その成り立ちや仕組に興味を持つようになっていれば、自ずと知見は広がっていくでしょう。

6

キャリアコンサルタントに向く人、向かない人

仕事経験がそれほどでなかったとしても、キャリアコンサルタントにはなれます。私たちは「無知の知」という姿勢で、謙虚に相談に来られた方の話をお聞きします。無知でいいのです。お仕事の内容は、その方からお話しいただければいいのです。

日常生活にも役立つ資格の勉強
—— 夫婦仲は確実に良くなる!?

Q キャリアコンサルタントの勉強は、日常生活でも役立つという話を聞いたのですが、具体的にはどんなときですか？

　キャリアコンサルタントの勉強は、日常生活の中でもとても役立つと思われる場面が多いと思います。

　私自身のことを述べれば、キャリアコンサルタントの勉強を始めたことで、まず**妻との関係が改善**されました。
　キャリアコンサルタントの勉強を始める前は、妻から例えば「隣人と○○といった揉め事が起きて……」といった話をされると、すぐに「それはこうした方がいい」とか、時には「それは君に問題があるのだから、こう考え方を変えればいい」と言っていました。ところがそうした対応では、妻といさかいになっていったことも多々あったのです。妻は、「まったく自分の味方になってもらえない」というのです。

　ところが、キャリアコンサルティングの勉強を始めてからは、まずは妻の話を最後までよく聞いて、「こうしたらいい」といった解決策をすぐに言うことがなくなりました。すると、険悪な展開に進むことは、なくなっていったのです。

　今思うと、妻は「こうしたらいい」といった解決策を私から聞きたかったのではなく、話をしっかりと受け止めてもらいたかったのです。「**共感を求めていた**」ということもできます。
　これは、傾聴の重要さということなのですが、**傾聴のスキル**は、キャリアコンサルティングの学びの中で、まずは身に付けるものです。

　このような体験は、キャリアコンサルティングを学び始めたほとんどの人が、形は違えども経験するようです。傾聴が自然とできるようになれば、当然、周囲の人たちとの人間関係にも変化が起きます。「部下がよく話をしてくれるようになった」など、**会社での人間関係がスムーズになった**といった話もよく聞きます。

6

キャリアコンサルタントに向く人、向かない人

Q 本当に、周囲とのコミュニケーション力はつくのでしょうか？

キャリアコンサルティングの学びの中では、人の話をよく聴けるようになるという「傾聴」の力だけでなく、一般的に「**コミュニケーション力**」と言われる力も向上します。

私たちは、面談（キャリアコンサルティング）を進める中で、適切な質問をクライエント（相談者）にしていくこととなるのですが、この質問する力を身に付けていくことが、周囲とのコミュニケーション力の向上にもつながっていきます。

質問力は、「**問い掛ける力**」と言い換えられます。こちらの意見を一方的に言う場面と、問いを発して相手に応えてもらう場面を比べればすぐに想像がつきますが、後者の方が双方向のコミュニケーションがうまくできるのは明らかです。

例えば、部下に「〇〇せよ」と一方的に指示を出すよりも、「あなたなら、どうしたいですか？」とか「**どうしますか？**」と問い掛けを発したほうが、コミュニケーションは発展していきます。

また、販売や営業の場面で、こちらから「この商品はこんな特徴があり、こんなにいいですよ」といった話をするよりも、「**何をこの商品に対してお求めですか？**」と問い掛けた方が、話が発展して、結果として購買につながりやすくなるでしょう。

このような意味において、コミュニケーション力が身に付くと考えてよいと思います。

Q キャリアコンサルティングの理論は覚えるのが大変だと思うのですが、現実の場面で使えることはあるのですか？

国家資格に合格するためには、確かに「**理論**」と呼ばれる領域で、心理学者や理論家の名前を覚えたり、その理論の概要を暗記する必要があります。

人名や理論名称を暗記するところは大きく言えば2か所あり、1つ目は**キャリアコンサルティング理論**、2つ目はそうしたキャリア理論のベースになっている**カウンセリング理論**です。

私たちキャリアコンサルタントは、カウンセリングの勉強もします。このことは本書でも何度か述べてきましたが、キャリアコンサルティングをするにあたっても、カウンセリングの基礎は押さえておかなければなりません。

6

キャリアコンサルタントに向く人、向かない人

　実技面では、傾聴のスキルや、適切な問い掛けができる質問のスキルを身に付けることが大事ですが、そうしたスキルを背後で支える理論をしっかりと押さえておくことも必要となります。

●「いいとこ取り」ができるように考え方のバリエーションを学ぶ

　例えば、ジークムント・フロイトに始まる「精神力動論」とそれを用いたセラピーである「**精神分析療法**」や、最近セラピーの中で大きな位置づけを占めるようになった「**認知行動療法**」など、代表的なセラピー（療法）とその背後の理論を大きく「カウンセリング理論」ということで押さえておくことは重要です。

　今のカウンセリングの主流となっている、カール・ロジャーズが創始した「**来談者中心療法**」や「人間中心カウンセリング」といった理論も覚えている必要があります。

　こうした理論は、試験に出るからという意味ではなく、カウンセリングを行う際に、その**考え方のバリエーション**を知っておくという意味で必要となります。

　カウンセリングのやり方には、複数の手法（技法）がありますが、今もっとも適切であろうと言われているのは「**折衷技法**」です。折衷技法は、特定のやり方のみにこだわらずに、クライエントにもっとも適したやり方を選択するものです。いろいろな手法の中から、クライエントを第一に考えた上で、もっとも良い手法を選んで、それを行おうという考え方です。

　つまり、いろいろある中から「**いいとこ取り**」をしようというやり方なのですが、これができるようになるためには、いろいろな手法やその裏にある理論を自身のものにしていることが必要となります。

　私たちが学ぶ理論はみな、キャリコンの面談の中で実践的に使うことのできる理論です。使いこなせるようにして、相談者に合わせて自在に適した技法を用いてください。

●学ぶ理論はみな現実社会で役立つもの

　長々と書いてしまいましたが、まとめると、主要なカウンセリングの手法は、その背景にある理論とともに覚えておくことで、クライエントに即した「いいとこ取り」ができる。だからこそ、理論を知り、またその理論から出てきたカウンセリング手法を身に付けていた方がよいということになります。

　このことは、カウンセリング理論をベースとしているキャリアコンサルティング理論についても同様です。いろいろな理論や手法がありますが、それらを一通り把握することで、**クライエントに適した**「いいとこ取り」したやり方を使うことができるのです。

　私たちが学ぶ理論の中に、現実のキャリアコンサルティングには使えない「机上の理論」は一つもありません。すべての理論は、そのまま**実践に活かせる**ものです。ですから、「どう実践で活かしていこうか」と思いながら学んでいけば、とてもワクワクするような体験になることも多いと思います。

　学科試験の問題の中にも、次のようなものがあります。

　キャリアコンサルタントが、キャリア理論やカウンセリング理論を学ぶ意義は、体系化された理論に関する知識をもとに自覚的・意識的に支援を行うことによって、クライエントに対して、勘や経験だけに頼らない、十分に根拠のある専門的で高度な相談支援を提供するため、である。
（学科試験　第10回および第13回にて類似問題が出題される）

　この設問文は、まさに正しい記述です。また、次のような設問文も出題されたことがあります。これも正しい記述です。

　理論を知っていることで、キャリアコンサルタントには、キャリアコンサルティングの過程で何が起きるかを予測し、意図的な行動が取れるようになるという効用がある。
（学科試験　第13回にて類似問題が出題される）

MEMO

第**7**章

キャリアコンサルタント への最短の道

　本章では、国家試験への最短の道である「養成講習」の学校の選び方から、試験に向けての準備、合格のヒケツまでを、前章に引き続きQ＆Aの形で記述しました。また、合格後、5年ごとにある「更新講習」や、キャリアコンサルタントとしての学びについても、著者自身の感想も交えて語ります。

　キャリアコンサルティングをめぐる学びは「一生もの」で、人生100年時代にも飽きずに楽しむことのできる研鑽と言えます。

第7章

1 学校(養成講習)の選び方

●●●

Q 大臣認定の講習は20校ほどありますが、どのような基準で
選んだらいいのでしょうか?

　大臣が認定している養成講習にも、いろいろなところがあります。1か所でし
か行っていない学校から、全国10数か所で実施している学校まであります。
　今までは、通学しやすいという基準で選ぶ方が多かったと思いますが、現在は
Web上で講習を行うところも出てきており、今後、場所はそれほど問題ではなく
なってくるかもしれません。

●受講料や受験対策講座の費用面から選ぶ

　受講費用は、20数万円から40万円代までと幅があります。費用がかさむ学校
は、それだけ通学形式の講習時間が長い場合がほとんどです。
　講習は、先生が一方的に授業をする講義形式よりも、演習を行う場合が多いの
で、学校に通う時間が長いほど、実技試験に向けての準備は進むといえます。

　しかし、国(厚生労働省)は、養成講習では受験対策的な講習を行わないよう学校
側に指導しています。講習時間が長くなっても、受験に受かるための対策講習と
してはいけないことになっているのです。あくまでも、キャリアコンサルタント
としての基礎を身につける講習との位置づけです。
　もちろん、基礎が身に付けば、自ずと試験にも合格できるはずだという理屈も成
り立つと思いますが、多くの学校は、**「受験対策講座」**などの名称で、養成講座とは
別に受験対策の時間を設けています。受験対策講座で実技試験に向けての練習時
間を多くとった方が、合格の確率は高くなる傾向はあるようです。
　つまり、費用に関しては、養成講習の費用にプラスして、受験対策講座の費用も
頭に入れていた方がいいかもしれません。学校によっても違いますが、1日の講
習でおおよそ2万円程度の場合が多いようです。

　一度にたくさんの教室を運営している学校などでは、人員や空き教室の関係で、
養成講習の受講者全員が受験対策講座を受けられるわけではない、ということも
起きているようです。

7

キャリアコンサルタントへの最短の道

　また、インターネットで検索すると、受験対策講座だけを開設している所も複数あることがわかります。こうした所は、いわゆる**受験予備校**という位置づけとなります。

　学校の中には、**合格まで無料**で受験対策講座を受けられるとしている養成校もあり、そうした点も考えて学校選びを行う必要があるかもしれません。

●講師のシフトと質（保有している資格）から選ぶ

　講師については、複数の講師が一つのクラスを担当する場合と、一人の講師が一つのクラスをずっと担当する場合があります。

　どちらも一長一短があると思います。複数の講師から学んだ方が、いろいろな考え方や立場、姿勢の微妙な違いなどが肌で感じられて望ましいという人もいます。一方、複数の講師から学んだ場合、もしも面接の仕方などで違ったフィードバックを受けてしまったら混乱してしまうと心配する人もいます。

　「混乱してしまうかも」という心配については、養成講習では一人の講師であった場合でも、受験対策講座では複数の講師からフィードバックをもらうことになるでしょうし、あまり神経質になる必要はないと思います。

　講師は、学校（機関）が国に登録申請して、承認を得られた人材があたります。国家資格キャリアコンサルタントの上位資格である**2級キャリアコンサルティング技能士**や**1級キャリアコンサルティング技能士**がなっている場合がほとんどです。

7

キャリアコンサルタントへの最短の道

　1級技能士の場合には、国のOKが出ないことはほぼありませんが、2級技能士の場合には、実務経験の長さが問われることがあるように聞いています。どのような実績の人材が講師を務めているのかも、学校を選択する際の一つの基準となると思います。

Q 受験対策講座を提供している養成講習の学校が多いようですが、養成講習だけでは合格できないのでしょうか？

　養成講習ではキャリアコンサルタントになるための基礎的な知識と技能を身に付け、受験対策講座では試験に受かるためのノウハウを身に付ける――。あえて図式的に分けると、このようになるでしょう。

　これは、高校の勉強だけで大学受験に臨む人がいる一方、予備校に通う人もいるという図式と似ています。大学受験は本来、高校で学んだことだけで合格を目指すのが筋なのかもしれませんが、応用的な問題などに対処できるようにと予備校に通う人も多いと思います。

　そう考えれば、**養成講習と受験対策講座の関係も同様**だと言えます。とくに実技試験の場合は、実際の面接試験でどのようなクライエント役の人にあたるか、その時になってみないとわからないわけです。そうした「**応用問題**」にも対処できるように、さまざまなバリエーションのクライエント役にあたって訓練をするのが、受験対策講座ということになります。

　養成講習や受験対策講座の講師を務めてきた私の経験からお話しますと、10人中2〜3人の割合で、とくに受験対策講座に参加しなくても合格できる方がいらっしゃいます。

　まったくの初心者であるにもかかわらず、養成講習を受けただけですぐに傾聴ができるようになり、面談の際に適切な質問をすることができるようになる方がいます。

　こうした方は、もともとの資質があるともいえますが、それまでの人生の中で、人の話をよく聴き、友人などの相談にも親身に乗ってきたのでしょう。普段の生活で**どのように他人と接して来たのか**、どのような人間関係を作って来たのかが関係しているように思えます。

　また、受験対策講座への参加が不要な人の中には、自分なりの流儀でキャリアコンサルティングをしてきたという人もいます。

　例えば、人材派遣業でキャリアコーディネーターとしてたくさんの人と面談をしてきたが、自分なりのやり方でやってきていたので、基礎から学び直したいと思って通い始めたといった人です。

　そもそも、こうした方は養成講習に参加しなくても、国家資格の受験資格があります。3年以上の実務経験があれば、所属していた企業の確認印などを提出することで受験資格を得ることができます。しかし、あえて養成講習に通うのは、次のような理由からのようです。

> ・受験資格はあるが、キャリアコンサルティングの基礎を一から学びたい。
> ・今まで自分なりにやってきたことが正しかったかどうか知りたい。
> ・養成講習の修了者の方が、実務経験だけで受験した人よりも圧倒的に合格率が高いので、何度も受験するよりも、養成講習に参加して1回の受験で資格を取った方がむしろ経済的。

　自分流のやり方であっても、実際にキャリアコンサルティングの経験を持っている人は、場数を踏んできているので手慣れた面談ができます。変なクセが付いていたりするとやっかいではありますが、多くの場合は微調整をするだけで合格に至ります。そうした人が2〜3人の中にはいるということです。

　では、あとの7〜8割の方についてはどうかというと、やはり受験対策講座を受けた人とそうでない人とでは、講座を受けた人の方が断然**合格率が高く**なります。
　面談についていえば、受験対策講座によってそれだけ場数を踏んだことになりますし、また、しっかりとした講師がコメント（フィードバック）をしてくれるので、それが糧になるということです。

 Q 国からの給付金が出る養成講習もあると聞いたのですが、どのようなものですか？

　働く人の能力開発やキャリアアップを支援するという大きな方針のもとに、国が受講料を助成してくれる制度があります。キャリアコンサルタント養成講習との関わりでいえば、**専門実践教育訓練給付金制度**がそれにあたります。

　この給付金制度は、平成30年1月から給付率等が引き上げられており、**生涯学習**として資格等を取得しようとしている方にとっては大変有益な制度です。

　具体的には、まず決められた手続きをとれば、キャリアコンサルタント養成講習に掛かった費用の半額が補助されます。修了後1年以内に合格すれば、さらに2割の補助が出ることになっており、**最大で受講料の7割を国が負担**してくれます。

　給付金を受ける要件は、現在**雇用保険**に加入しているか、あるいは現在加入していなくても講習開始日の1年前の時点で加入していたことです。

　ただし、雇用保険に入っていた期間も問われます。初めてこの給付金を受けようとする人の場合は、2年以上の加入期間（**被保険者期間**）が必要です（初めて受ける場合でない時は3年以上）。

　給付金を受給するための手続きはハローワークで行います。ハローワークに教育訓練給付に関する窓口があり、そこには普通、国家資格キャリアコンサルタントが配置されています。このキャリアコンサルタントと面談をして、**ジョブ・カード**と呼ばれる書類を自分で記載して、キャリアコンサルタントに見てもらうことで、給付金を受けられるようになります。

　例えば、30万円の養成講習を受講するのであれば、給付金をもらうことにより、実質的な負担額は、その3割の9万円で済むということになります。

　要件にあてはまる方は、ぜひこの給付金を用いることを検討ください。

7

キャリアコンサルタントへの最短の道

専門実践教育訓練給付金を利用すれば、最大7割まで国からの給付（補助）を受けられます。

2 試験に向けての準備活動

第7章

Q 学科試験については、どのくらい勉強すれば試験に合格できますか？

　学科試験については、**1日に1〜2時間勉強して、30日間で合格ライン**に達するのでは、と考えています。

　これは、本書の姉妹本である『**国家資格キャリアコンサルタント 学科試験 要点テキスト&一問一答問題集**』を執筆した際のアンケートの結果をもとにしています。
　アンケートでは、この問題集に収録した1200問超（2022年版以降は1600問）にすべて解答し、さらにできなかった問題については再度（再々度）解答してできるようにするために、どのくらい時間が掛かったかをお聞きしました。
　この問題集では「1日2時間で1か月」とうたっています。時間に直すと60時間となりますが、**実際にはその半分程度の時間で終了**した方もいました。

　もう少し詳しく述べると、そもそも実際の試験では、四肢択一問題が50問出題されるので、4×50問＝200の文章を読むことになります。これを100分で解くので、単純に割り算すれば、1つの文章を読む時間は30秒となります。実際は、普通の国語能力があれば、15秒以内で1つの文章を読むことになるでしょう。

　問題集でも同じです。一問一答の1つの文章（一問）を読むのに15秒。間違えた場合は、解説文を読むのにやはり15秒。仮に、すべての問題に30秒かけたとしても、1200問の総時間は、0.5分×1200問＝600分（10時間）となります。
　もしも、8割の問題を間違えたとすれば、その問題にはチェックを付けておき、その問題（全体の8割）だけを再度やってみます。この一巡に使う時間は、最初に掛かった10時間の8割で済むので、8時間となります。そこでもまた8割の問題は解けなかったとしたら、次の一巡に使う時間は6.4時間となります。

　これを繰り返して、どんどん解けない問題を減らしていくのですが、10回繰り返した時には、もうできない問題は全体の約1割になっており、そこまでに掛かっ

7

キャリアコンサルタントへの最短の道

227

た時間は、10時間＋8時間＋6.4時間＋5.12時間＋4.096時間＋……で、計45.7時間となります。

　これをさらにあと10回ほど繰り返すと、計算上はできない問題は1％以下（1200問で計算すると約11問）となり、そこまでに掛かった総時間は49.6時間となります。

　つまり、ほとんどの問題が解けるようになるまでに掛かる時間は約50時間ということで、問題集に記載した「**1日2時間で1か月（60時間）**」というのは根拠のある数値なのです。

　実際には、繰り返して見直す際に、いつも8割の問題ができない（間違える）ことはないわけで、もっと成績は良いはずです。ですから、50〜60時間も掛けなくても、その半分程度の**30時間（1日1時間で1か月）**で終わってしまう人もいるのです。

▼ 図表48：『国家資格キャリアコンサルタント 学科試験 要点テキスト＆一問一答問題集』

　『国家資格キャリアコンサルタント 学科試験 要点テキスト＆一問一答問題集』に収録している問題数は、初版よりも増えて1600問を超えていますが、それにしても掛かる時間はそれほど変わりません。

　「要点テキスト」の部分を読む時間や、疑問点を他の書籍やインターネットで調べる時間を加えたとしても、60時間を超える時間を取らなくても、合格ラインには到達するはずというのが私の見方です。

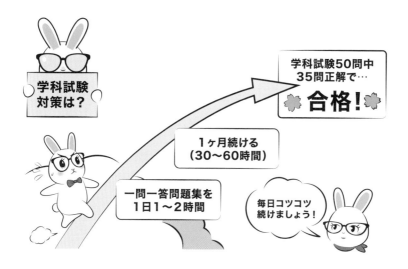

Q 面接ロールプレイ試験の対策はどうしたらいいですか？

　実技試験について合格までに掛かる時間を問われると、とくに面接試験については、答えるのが難しいと感じます。人によるからです。

　面接（ロールプレイ）試験は、時間を掛けて**場数**をこなせばそれだけうまくなるので、合格の確率は高まります。では、どの位の時間を掛ければいいのかというと、「人によって異なります」ということになります。

　養成講習とは別に、受験対策講座を受講したとして、そこで15分の面接（ロールプレイ）と5分の口頭試問の練習を行ったとします。講座ですから講師のフィードバックも得られたという前提で、まったくの初心者の人であったとしても、これを10〜15回も受ければ、どのような方でも合格レベルに達すると思います。

　受験対策講座では通常、他の人の行う面接や口頭試問とそのフィードバックも観察するので、それももちろん勉強になっていると思います。1コマの1.5〜2時間ほどの時間の中で、自分が面談をする機会が1回だとしても、10〜15回も出席すれば合格に到達するでしょう。

　しかし、そこまで時間を使わなくても、受験対策講座に1〜2回出ただけで、十分合格すると思える人もいますし、そもそも養成講習に参加しているだけで、合格ラインに達する人もいるのです。

　先日、私たちが行っている受験対策講座に、他校で養成講習を受けられた女性の方がお見えになりました。彼女の養成校は、受験対策講座は定員がいっぱいになってしまうことが多いそうで、受験対策講座を受けるのは今回が初めてだとのことでした。

　ところが、ロールプレイと口頭試問を拝見すると、すでに十分に合格レベルに達する力量でした。訓練校がとても高いレベルの講習を行っていると思い、「どこで習って来られたのですか？」とお聞きしたところ、彼女はカバンから一冊の実技試験対策本をお出しになり、次のように語ってくれました。
　養成講習の中ではとくにロールプレイ試験の対策は行われなかったので、受験対策講座に出たいと思ったのですが、枠が少なく競争率が高くて参加できませんでした。そこでこの本を買って読み込むことで、ロールプレイのやり方を独学しました。まだ一度もフィードバックやコメントをもらったことがないので、今日はそれが得たいと思って参加しました。

　この事例から、書籍でもロールプレイや口頭試問の練習ができるということがわかります。彼女が独学した本は、PRとなってしまい恐縮ですが、私たちが行う養成講習の講師陣が執筆した『**国家資格キャリアコンサルタント 実技試験（面接・論述）実践テキスト**』です。

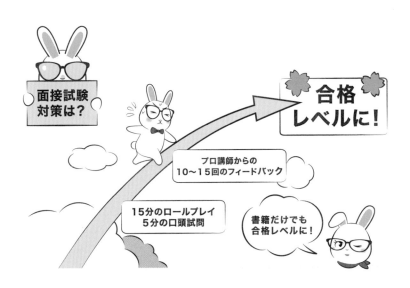

　この本では、練習問題という形で、**ロールプレイでの応答を練習**できるようになっています。応答は様々なバリエーションが考えられますが、「なぜこちらの応答の方が、別の応答より適切なのか」についても詳しく解説しています。初心者の方にもわかりやすく書いていますので、解説をお読みいただければ、頭では理解いただけると思います。

　しかし、頭でわかることと、実際にできることとは違いますので、やはり実地での練習（実際に相手とやりとりをするロールプレイでの面談練習）の時間を取る方がベターだとは思います。

　ただ、先ほどの女性のように、書籍から得た情報（面談のやり方等）だけで、とくに実地練習をしなくても、すばらしい面談ができるようになっていた方もいました。

　その女性に手法を詳しくお聞きしたわけではないのですが、自身の中でクライエントとのやりとりを**「一人二役の面談」**でシミュレーションしたのではないかと想像します。「こう問い掛ければ、クライエントはこう返してくる」「もしもこう言えば、相手はこう言ってくる」といったことを、実際に口に出したりしてやっていたのではないでしょうか。

▼ **図表49：『国家資格キャリアコンサルタント 実技試験（面接・論述）実践テキスト』**

　私も時どき、そのようなシミュレーションをしてみることがあります。**一人芝居**のようなものです。クライエントのプロフィールを想定して、実際に声に出し

て相手（クライエント）とやりとりし、演じてみるのです。ある時はキャリアコンサルタントとして発言し、次はクライエント役に早変わりして、クライエントの立場になって応答します。この人ならこんな風に、こんな言い方や声の調子で、こんな内容のことを発言するだろうなと想像するのです。

　もしも面談があまりうまく行かなければ、いつでも、どこからでも、何度でも前に戻ってやり直しがきくので便利です。

　このような**一人練習**をすることで、面談の技量を上げていくことも可能だと思います。とくに、受験対策講座などの練習の場への参加が難しい方にとっては、一つの有効な訓練のやり方でしょう。

Q 論述試験の対策はどうしたらいいですか？

　論述試験は、午前中に学科試験が実施されたその日の午後に、続けて実施されます。しかし枠としては、面接ロールプレイ試験とセットで、実技試験の一部という位置づけです。よって、学科試験と同じ試験回には受けないという選択もあります。

　また、学科は受かったが、実技試験は受からなかったという方が、午後からの論述試験だけを受けに試験会場に来る場合もあります。

●「論述」試験では面接ロールプレイ試験と同じ技量を問われる

　論述試験は、面接ロールプレイ試験とはまったく別物だと考えている人がいますが、誤りです。面接ロールプレイ試験で問われる力が、筆記という形で問われるのが論述試験だと言えます。

　論述試験は、A4判の解答用紙に、2〜7行で解答を記述する形式です。設問はキャリアコンサルティングの事例記録（面談の記録）から出されます。事例記録を読んで、例えば「このクライエントの問題は何か」といった設問に記述式で答えるというものです。

　問題の形式は、毎回ほぼ一定です。2つの団体が試験を実施しており、団体によって設問が少し違いますが、それぞれ問題の形式自体はあまり変わりません。

　どのような設問なのかは、インターネット上で過去問3回分がすぐにダウンロードできるので、それを見て頂ければすぐに把握できます。問われる内容は毎回同じですので、慣れてしまえば、解答を記述することは容易になってきます。

　ただし、事例記録の内容は、毎回まったく異なるものとなりますから、解答文を暗記していくといったことは通用しません。

　論述問題は、暗記が役立つものではありませんし、知識があればいいというものでもありません。「どのように面談をしていくか」という技量を問われるものであり、その技量は**面接ロールプレイで問われるものと同じ**です。
　面接ロールプレイでは、どんどん流れていく時間の中で、即座に応答することが求められます。一方、論述問題では、ある程度の時間をかけて事例記録を読み、ある程度の時間を掛けて文章を書くことで解答します。
　応答を即座にしなくていいという点は面接ロールプレイ試験とは異なりますが、発揮しなければいけない力量は同じものです。

　例えば、「このクライアントの問題は何か」といった設問を考えてみましょう。正確には、「キャリアコンサルタントとして、あなたの考える相談者の問題を記述せよ」という設問です。
　これは、相談に来た方が話した内容を答えるものではありません。「キャリアコンサルタントとして、あなたの考える」という箇所が重要で、相談者（クライエント）自身は語っていないが、キャリアコンサルタントとして、**相談者にはこんな問題があるという「見立て」**を問われているのです。

　実はこれと同じ問いは、15分間の面接ロールプレイが終わった後に5分間行われる口頭試問でも、審査員から問われます。つまり、15分の面接ロールプレイの中で、あなた（受験者）は、このクライエント役を見て、どこに問題があると「見立てましたか？」と問われるのです。
　裏を返せば、面接ロールプレイの中では、キャリアコンサルタント（受験者）は、クライエントに対する「見立て」をしていなければいけないということです。
　そうした「見立て」（クライエントの問題はどこにあると考えたか）があってこそ、面談が先に進んでいくことになります。面接ロールプレイでは、それを15分の間に流れていく応答の中で行うのですが、論述では、それを書かされるのです。

　論述問題に強くなれば、面接ロールプレイ試験にも強くなります。それは論述で訓練をすることで、実際の面接ロールプレイでも「見立て」ができるようになり、面談をどう進めていったらいいかがわかるようになるからです。

●過去問に解答することで確実に実力がアップ

論述試験の対策は、できるだけたくさん過去問にあたることです。

ただし、何の予備知識もなしに、インターネットから過去問を取り出して解こうとしても、初めての人には何のことかわからないでしょう。

受験対策講座が身近にあるなら、一度は参加されることをお勧めします。どう解いたらいいか、感触がつかめるからです。講座に参加しにくい場合には、『**国家資格キャリアコンサルタント 実技試験（面接・論述）実践テキスト**』を参照してください。模範解答が記載されており、どのように解くか解説されています。一通り読むことで、解答のコツがつかめるでしょう。

そして、あとはたくさん**過去問を解く**ことです。論述問題はやればやるほど力がつきます。もしも途中で疑問点がわいたり、自分の解答をチェックしてほしいと思ったなら、養成講習や受験対策講座の先生に見てもらうとよいでしょう。費用が掛かりそうであれば、友人と批評し合うということも有効でしょう。

　どのくらいの過去問を解けば合格ラインに達するかについては、面接試験と同様に、人によって違うとしか言えません。あえて基準を示すなら、過去問3回必須で、できればその倍くらいにあたっていただきたいと思います。

　次節で述べるように、国家資格は2つの団体が実施しており、論述問題については団体によって若干違う形式になっています（先に示したような「このクライアントの問題は何か」といった設問は同じです）。
　2つの団体がそれぞれ過去問を3回分インターネット上にあげているので、6回分はすぐに取り出せます。この6回分を行えば、かなり実力は付くと思います。

　受験対策講座に参加して、講師に解答を見てもらって、合格点が出るようならよいですが、合格点が出ない場合は、さらに多くの過去問にあたったり、あるいは一度行った過去問を時間をあけて**再度解いてみる**という手もあります。
　1週間も経てば、前回とまったく同じ解答はしなくなります。以前解いたときの解答と比べてみるのも興味深いでしょう。このように練習をすることで、確実に力が付き、合格点に達するようになると思います。

 Q 実技の論述試験は、2つの試験実施団体で問題が違うと聞きましたが、どちらを受けたらいいですか？

　国から委託されて国家資格の試験を実施している団体は、「特定非営利活動法人キャリアコンサルティング協議会」（以下「**CC協議会**」）と、「特定非営利活動法人日本キャリア開発協会」（以下「**JCDA**」）です。
　学科試験は、同時刻に同一問題で実施されますが、実技試験の論述試験は、同時刻の実施ですが、内容には若干の違いがあります。面接試験は、受験者一人一人が受けるので時間帯はまちまちですが、採点基準等はほぼ2団体で同一です。

　論述試験の問題が2団体でどのように違うのかの詳細については、インターネット上に掲載されている過去問で確認いただきたいと思いますが、設問だけを取り出して比較すると、図表50のようになります。

▼ 図表50：CC協議会とJCDAの論述問題の比較

CC協議会の論述問題の設問	JCDAの論述問題の設問
設問1 事例記録の中の「相談の概要」【略A】の記載に相当する、相談者がこの面談で相談したいことは何か。事例記録を手掛かりに記述せよ。（10点）	［問い1］事例ⅠとⅡはキャリアコンサルタントの対応の違いにより展開が変わっている。事例ⅠとⅡの違いを下記の5つの語句（指定語句）を使用して解答欄に記述せよ（同じ語句を何度使用しても可。また語句の使用順は自由。解答用紙に記述する際には、使用した指定語句の下に必ずアンダーラインを引くこと）。（15点）
設問2 事例記録の【下線B】について、この事例を担当したキャリアコンサルタントがどのような意図で応答したと考えるかを記述せよ。（10点）	［問い2］事例ⅠのCCt10と事例ⅡのCCt10のキャリアコンサルタントの応答が、相応しいか、相応しくないかを考え、「相応しい」あるいは「相応しくない」のいずれかに○をつけ、その理由も解答欄に記述せよ。（10点）
設問3 あなたが考える相談者の問題（①）とその根拠（②）について、相談者の言動を通じて、具体的に記述せよ。（20点）2×10点	［問い3］全体の相談者の語りを通して、キャリアコンサルタントとして、あなたの考える相談者の問題と思われる点を、具体的な例をあげて解答欄に記述せよ。（15点）
設問4 設問3で答えた内容を踏まえ、今後あなたがこのケースを担当するとしたら、どのような方針でキャリアコンサルティングを進めていくか記述せよ。（10点）	［問い4］事例Ⅱのやりとりの後、あなたならどのようなやりとりを面談で展開していくか、その理由も含めて具体的に解答欄に記述せよ。（10点）

どちらの団体も、キャリアコンサルティングの事例記録が最初に提示されて、それについての設問がされているという点では同様です。

ただし、JCDAでは、その逐語録が、途中から事例Ⅰと事例Ⅱに分かれています。冒頭には「事例Ⅰ・Ⅱ共通部分」があり、その後に事例Ⅰと事例Ⅱになります。ⅠとⅡでは、キャリアコンサルタントの応答の仕方が異なっており、［問い1］では、事例ⅠとⅡの違いを指定語句を用いて記述せよといった設問になっています。

指定語句とは、例えば「内省、相談者の背景、共有、感情、決めつけ」や「自問自答、説得、経験、判断基準、好意的関心」といった語句です。毎回違う語句が指定されます。

CC協議会の「設問3 あなたが考える相談者の問題（①）とその根拠（②）について、相談者の言動を通じて、具体的に記述せよ。（20点）2×10点」と、JCDAの「［問

い3]全体の相談者の語りを通して、キャリアコンサルタントとして、あなたの考える相談者の問題と思われる点を、具体的な例をあげて解答欄に記述せよ。(15点)」は、同じ問題と考えていいでしょう。

　また、2団体とも最後の設問は、この面談をさらに続けていくとしたらどのようにしていくかという「その後の展開」を問う問題で、これも同じ問題と考えられます。

　「どちらの団体で受験したらいいですか?」という質問を受けることがありますが、国は「**同じテストである**」と言っていますし、「どちらで受けてもよいのではないですか」と答えています(合格率も毎回上下しますが、ほぼ同じです)。

　私たちが行っている受験対策講座では、2団体のどちらの過去問も用いています。相互に取り上げて、「今回協議会の過去問をやったら、次回はJCDAをやる」といった形で、どちらにも対応できるようにしています。どちらもやってみて、「こちらの方が**書きやすい**」と思われる方を選んだらどうですか、とアドバイスします。

　論述試験は、どちらの団体で受験しても、同一日の同一時刻に実施されますが、面接試験は、団体によって実施日が異なる場合もあるので、**日程の都合のよい方を選ぶ**という方もいるようです。

7

キャリアコンサルタントへの最短の道

> よく「2つの試験団体のどちらで受けたらいいのかしら」と悩む人がいるのですが、基本はどちらも大差ないと考えてください。少なくとも国の見解は、"ワンテスト"(同じテスト)です。ご自身で相性がいいと思える方を選択してください。

3 合格する人、しない人
—— 何が合否を分けるのか

第7章

Q 合格のヒケツはありますか？

　繰り返しになってしまいますが、まず学科については、一問一答集のような問題集を繰り返しやって、できない問題を無くしておくことです。

　疑問に思ったり、もっと詳しく知りたいと思った箇所は、もっと詳しい内容が書かれている書籍も参考にして、調べたりすることで理解が確実になると思います。

　したがって、学科で良い点数を取れるようになるヒケツは、「**時間を掛けること**」ということになります。

　論述試験についての合格のヒケツも、突き詰めて言えば、どれだけ時間を掛けたかになります。**過去問**をしっかりと多くの回数やれば、それだけ実力は上がります。

　ただし、効率よく行うためには、信頼できる人から自分の解答についてコメントをもらったり、そういう人が周りにいない場合は、書籍（例えば『国家資格キャリアコンサルタント 実技試験（面接・論述）実践テキスト』）の解説や模範解答と引き比べて、自身の解答との違いを研究してください。

> 合格のヒケツは、学科の論述では、やるべきことは時間をかけてでもやりきること。
> 自信をもって試験に臨んでください。
> 面接では、クライエントの幸せを第一に考える姿勢も大事

　面接についての合格のヒケツも、一言で述べれば、やはり**数をこなす**（時間を掛ける）ことになります。場数が多くなれば、それだけコツもつかめてきます。養成講習などで学んだ仲間と自主的な勉強会を行ってもよいでしょうし、家族や友人

7

キャリアコンサルタントへの最短の道

に頼んでクライエント役をやってもらってもよいと思います。そうした機会を多く持つことで、実力がアップしていきます。

ただし、少し注意したいことは、「もっとこうした方がいい」とか「ここが良くない」と指摘された内容が、コメントをくれた人によって大きく違っていたり、時には正反対であったりして、自身が混乱してしまうことです。

「信頼できる指導者の方に見てもらう」「**書籍に書いてある内容を基準として、再度自身の面談をチェック**してみる」など、いくつかの解決策はあります。ぜひ早めに、そうした混乱は解消してください。面接試験の当日までモヤモヤしたものを持ちこんでしまうと、それはいい形では現れません。

面接試験の当日には、「**自分の行う面談はすばらしい**」と自身に強い暗示をかけるくらいにして実際の試験に臨むのとよいでしょう。「**自信を持つ**」ということです。

また、キャリアコンサルティングの目的も忘れないようにして頂きたいと思います。私たちキャリアコンサルタントが第一に考え、思うことは、目の前におられる**相談者（クライエント）の方の幸せ**です。相談者が少しでも良い方向に行けるようにするのが、私たちの本義なのですから、そのことを忘れずに面談をしてもらいたいと思います。

「合格するためにはこうする」「こうすべき」といった考えよりも、「このクライエントの方の**悩みを共有**し、**共感**して、少しでも**良い方向**に行くように」ということを思って試験にも臨んでください。それが合格のヒケツと言えると思います。

Q 合格する人と合格しない人は、どこが違うのですか？　何度受験しても合格しないということはありますか？

受験者は、その人なりに精一杯の時間を取り、試験に向けての準備をしてきているはずです。それでも合格しないという場合があったとしたら、いったいどこに問題があるのでしょうか。

国家資格キャリアコンサルタントの試験においては、私は「何度受けても合格しない」という人を、周囲で見たことがありません。

養成講習を受講して、修了したにもかかわらず、まだ国家資格者になることができないでいる方には、大きく2つのパターンがあります。

1つ目のパターンは、**途中であきらめてしまう**ことです。2回ほど受験して不合

格となると、次に受けることを断念してしまうのです。ですが、これは「何度受けても合格しない」という事例にあたらないと思っています。

　私の知る範囲では、2回目には合格を勝ち取っている方がほとんどですが、3回目で合格したという方もいらっしゃいます。2回目に不合格という時点で意欲を失ってしまえば、それで終わりですので、ぜひそのようなことがないようにしてください。

　2つ目のパターンは、試験を少し**甘く見ている**ことです。このパターンの方は、お忙しい方がほとんどです。勉強の時間が取れない事情はわかりますが、問題集にしても虫食い的なやり方をして、あとは「何とかなるさ」とばかりに試験に臨んでしまうのです。また、面接にしても、「よく後輩からの相談にも乗ってきたし、アドバイスや問題解決は得意なので、そうした経験をベースにやれば合格するだろう」くらいの感覚で試験に臨んでしまいます。

　こうした方は、さすがに歯が立たなかったことを知って奮起すれば、もちろん次回には合格します。しかし中には、勉強時間が取れないということで、「次回も落ちるのだったら受験料がもったいないから受けない」と、結局、取得できないままになってしまう人がいます。ただこれも、「何度受けても合格しない」という事例ではないでしょう。

　つまり、あきらめずに真面目に勉強して受験に臨めば、少し遅い場合であっても、3回目には**ほとんど合格できる**というのが、この資格であると思います。

7

キャリアコンサルタントへの最短の道

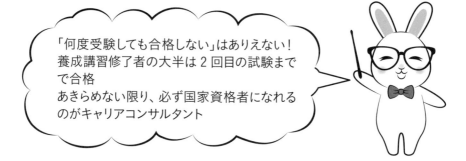

「何度受験しても合格しない」はありえない！
養成講習修了者の大半は2回目の試験までで合格
あきらめない限り、必ず国家資格者になれるのがキャリアコンサルタント

合格後のパフォーマンス、ネットワーク、更新講習

 「資格をとっても喰えない」 という話を聞いたことがあるのですが、本当ですか？

「資格をとっても喰えない」という話は、どんな資格であっても言われることがあります。キャリアコンサルタントのような**名称独占資格**ではなく、**業務独占資格**と言われる資格でも、同様のことが言われます。例えば、弁護士資格です。大変な難関である司法試験に合格して資格を有していても、「喰えない」可能性はあります。

キャリアコンサルタントと、キャリアコンサルタントと同じ名称独占資格である気象予報士やマンション管理士と比較してみましょう。ともに、国家資格を有していないと名乗ることができず、名刺などにもその名称を記載することはできません。

まず、**就職先**を見てみます。気象予報士の場合、就職先は、気象庁の予報官、自治体、天気予報コーナーを担当する放送局や新聞社、民間の気象会社、気温や天候の変化が商品の売れ行きに関連してくる飲食業や流通業、農林水産業、運輸業などが想定できます。

しかし、それほど全業種で必要とされる仕事ではありませんし、中小企業レベルでは求人が出るとは思えません。

人生経験豊富なシニア層に向いていると言われる、マンション管理士はどうでしょうか。マンション自体は全国津々浦々にありますが、そのすべてにこの資格者が必要というわけではありません。

マンション管理士の主な仕事は、相談業務、運営の診断、会合等への立合いなどとされていますが、これは独立開業したときのイメージで、顧客はマンションの管理組合となります。就職口としてはマンション管理会社がイメージできますが、それ以外には想定しづらいでしょう。

どの資格にも一長一短はあるでしょうが、キャリアコンサルタント資格は、比較的**就職先が多く、独立したときの顧客も多く想定できる**資格ではないかと思います。

就職先については、第4章で説明したように、公的施設、教育機関、民間企業をはじめ数多くの可能性があります。また、独立開業については、顧客は企業全般と

言えますが、例えば中小企業であれば、私たちの周囲に無数とも言える数があります。従業員を雇用しているすべての企業が顧客になりうると考えれば、独立開業した際の顧客は、周囲に容易に想定できるということになります。

なお、どのような独立開業の方向があるかについては、第4章の4-6で取り上げましたので、ご参照ください。

個人的には、国家資格キャリアコンサルタントの資格は、**独立開業**して「喰っていく」、その第一歩を踏み出す際にとても役立つと考えています。

例えば、「独立して**研修講師**として身を立てていこう」と考えたとき、研修エージェント（研修の講師の仕事を斡旋してくれる企業や団体）に登録して自分をPRすることは、比較的容易に仕事を軌道に乗せる方策の一つとなります。そうしたときに、国家資格キャリアコンサルタントであることは、とても有利に働くと思います。**信用力の向上**に加えて、一定以上の**実力があることの証明**になるからです。

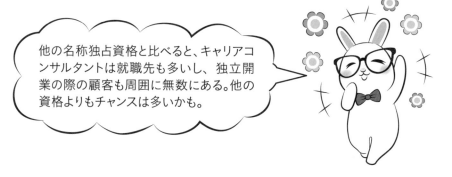

他の名称独占資格と比べると、キャリアコンサルタントは就職先も多いし、独立開業の際の顧客も周囲に無数にある。他の資格よりもチャンスは多いかも。

Q 資格を取ったあとも、資格を維持するために何かする必要がありますか？／更新講習とはどんなものですか？

資格試験に合格した後、国に登録をすることで、国家資格者（国家資格キャリアコンサルタント）として名乗れるようになり、名刺にも自由に「キャリアコンサルタント」と書けるようになります。

「生涯現役キャリアコンサルタント」や「女性専門キャリアコンサルタント」など自由に設定をすることも可能です。

さて、キャリアコンサルタント資格は、一度取得したら、そのまま一生涯有効かというと、そうではありません。世の中の情勢もどんどん変化しているというこ

とから、5年ごとの**更新講習**が義務づけられています。
　更新講習は、図表51のように、知識講習と技能講習の2つに分かれています。

▼図表51：キャリアコンサルタントの更新講習

知識講習	内容自体が変化する労働法令や労働市場の実態等を重点に知識のブラッシュアップを図る	8時間以上
技能講習	キャリアコンサルタントとしての経験、活動分野や能力水準等に応じて、補うべき分野やさらに伸ばすべき分野を受講	30時間以上

　知識講習は、「職業能力の開発の知識」「労働市場の知識」「労働関係法令や社会保障制度の知識」などが含まれた8時間以上の講習となっています。
　1日で8時間の講習を行う**集合型**の研修もあるし、Web上で受講する**eラーニング形式**での講習もあります。1時間当たりの研修費用が1,000円程度のものから、4,000円程度のものまでありますが、8時間で15,000円前後の講習が多いようです。厚生労働大臣が認定した講習が全国30か所程度で行われています。
　受講内容の理解度をはかるテストやレポートが実施されている講習がほとんどですが、落第させるための講習ではありません。

　技能講習は、様々な講習が厚生労働大臣から認定を受けており、500以上の講習が開講されています。カウンセリングの技法をより深める講習、女性や障害者など特定の層への支援について扱っている講習、企業領域や教育領域などある領域についての講習、グループアプローチ分野での講習など多様です。1日6〜8時間程度での集合講習が主流ですが、現在ではzoom（ズーム）等の**webアプリケーションを使って、遠隔地からでも参加**できるものもあります。1日あたりの講習料は1〜3万円程度となっています。
　国家資格者はこの中から選択をして、合計して30時間以上になるように講習を受けます。

　なお、30時間のうちの10時間までは、キャリアコンサルティングの実務に従事したことでクリアできることになっています。ただし、支援対象者（相談者）が15歳以上の労働者であり、相談内容は、職業の選択や職業生活設計、職業能力開発および向上に関するものであり、一対一か6人以下のグループワークで15分以上を要したものとなっています。
　また、10時間分は「技能検定キャリアコンサルティング職種1級に合格したキャリアコンサルタントにより行われるキャリアコンサルティングの実務に関する指導」でもいいことになっています。これは、いわゆる「**スーパービジョン**」と呼ばれるものですが、これについては後述します。

> **Q** 国家資格者の集まりやネットワークのようなものはありますか？

●ACCN（オールキャリアコンサルタントネットワーク）

　キャリアコンサルタントが国家資格となってから、新たに作られた資格者の集まりとして、**ACCN**があります。「オールキャリアコンサルタントネットワーク」の略で、法人としての名称は「一般社団法人エーシーシーエヌ」です。

　パンフレットでは、ACCNは「キャリアコンサルタントの職能団体」とうたっており、「キャリアコンサルタントの新しい活躍の場を創り出していく」活動を行うとしています。

　活躍の場を広げるという意味では、普及促進活動が重要になってくると思われますが、ホームページには、以下のような文言が記載されています。

> - 実践と経験に基づく知識やスキルを共有、蓄積するとともに社会に必要とされる「キャリアコンサルタントの活動、活躍」の領域を広げていきます。
> - 行政や関連団体、隣接する支援団体と連携しながら社会の課題に対してキャリアコンサルティングを通じて活動や働きかけを行っていきます。

　会員には、個人会員と法人会員があり、個人会員は国家資格者が登録をしています。法人会員には、キャリアコンサルタント養成講習や更新講習を行っている団体が登録しています。

　会員向けに行っている活動は、以下のような形で表現されています。

> - キャリアコンサルタントとして学びたい、活躍したい、交流したいという方のために様々な会員サービスを提供していきます。
> - キャリアコンサルタント業界、団体を横断的に連携しながら活動します。

　具体的には、個人会員向けにキャリアコンサルティング関連の様々な話題の提供、各種勉強会やイベント、法人会員からのおすすめ講座などの学習情報の提供、仕事やボランティア情報の提供などがなされています。

　全国に支部が作られており、支部内での交流イベントや支部を超えた企業等との連携イベントも企画されているようです。

　会員になると自動的に**キャリアコンサルタント専用の団体保険**に加入すること

になっているのは、職能団体ならではの仕組みでしょう。補償金額1,000万円の賠償責任保険です。また、別途保険料を支払うことで、会員だけが入れる「所得補償保険」にも入れるようにもなっています。

▼ ACCNのパンフレット

ACCNの前身にあたる組織は「技能士会」と呼ばれていた組織でした。**技能士**とは、キャリアコンサルティング技能士のことで、国家資格の制度ができる前から、**国家検定**として、2級技能士や1級技能士という資格がありました。この技能士資格を取得した資格者たちが組織していた団体が「キャリアコンサルティング技能士会」です。

この技能士の制度は、今でももちろん存在し、国家資格キャリアコンサルタントの上位資格として位置づけられています。しかし、国家資格者が増えてきて、技能士の数よりも多くなってきたという背景を踏まえて、**技能士会を発展的に解消**して、このACCNが組織されたという経緯があります。

国家資格の制度ができる前からキャリアコンサルティング技能士だった人は、登録をすることで、全員、国家資格キャリアコンサルタントになれましたので、**技能士も含んだ上で職能団体を作った**という流れになっています。

7

キャリアコンサルタントへの最短の道

　ACCNの事務局は、国から委託を受けて国家資格の試験を実施している特定非営利活動法人キャリアコンサルティング協議会（CC協議会）と同じビルの中にあります。CC協議会は、キャリアコンサルティング技能士2級や1級の資格試験も実施してきており、技能士会の事務局も担ってきました。

●CDA資格と日本キャリア開発協会（JCDA）

　一方、国家資格キャリアコンサルタントの試験を行うもう一つの団体である、特定非営利活動法人日本キャリア開発協会（JCDA）が事務局をしているキャリアコンサルタントの集まりもあります。このネットワークには、日本キャリア開発協会（JCDA）の会員となることで参加できるようになります。

　JCDAは、もともとアメリカに**CDA（キャリア・デベロップメント・アドバイザー）**と呼ばれる資格があり、それを日本に導入する形で発足した組織です。JCDAでは、2000年から日本におけるCDA資格の認定を行ってきました。

　CDA資格は、キャリアコンサルタントが国家資格となる2016年以前から、「**標準レベル・キャリアコンサルタント**」という呼称でキャリアコンサルタントの民間資格としてオーソライズされていました。国家資格の制度が整備された際は、それまでのCDA資格保持者は、国に登録するだけで国家資格者になれました。

　JCDAでは、従来より株式会社日本マンパワーが提供している養成プログラムを、CDAの資格が取得できる認定講座としてきました。国家資格ができた後もその形は変わらず、日本マンパワー社が実施している「キャリアコンサルタント養成講座」は、現在では大臣が認めた国家資格の受験要件を充たせる講座であると同時に、CDAの資格認定につながる講座という位置づけにもなっています。

　現在は、日本マンパワー社の「キャリアコンサルタント養成講座」を修了して国家資格にも合格した人が、CDA資格も有して日本キャリア開発協会（JCDA）の会員となるという形が多いようです。また、他の団体の養成講習を修了して国家資格者になった人たちにも、別途CDAに関する研修プログラムを受講することで、JCDAの会員になる道が開かれています。

　日本マンパワー社は、全国各地で養成講座を開催してきたということもあり、連携している**日本キャリア開発協会（JCDA）の会員**になるキャリアコンサルタントも多く、全国に支部があり、会員の交流組織となっています。

　支部独自のセミナーや集まりが企画されたり、本部も年次大会を定期的に開催するなどの動きを継続して行ってきています。

●キャリアカウンセリング協会（CCA）や日本産業カウンセラー協会（JAICO）
のネットワーク

　ほかにも、キャリアコンサルタントの集まり・ネットワークの主なものを紹介すると、代表的なものとして、特定非営利活動法人キャリアカウンセリング協会（CCA）や一般社団法人日本産業カウンセラー協会（JAICO）が組織しているネットワークがあります。

　キャリアカウンセリング協会（CCA）のホームページには、以下のような文面があります。

> 　米国CCE, Inc.（Center for Credentialing and Education, Inc.）が発行しているGCDFという資格がクオリティに安心ができると判断し、日本国内でのGCDF-Japanの資格窓口として、CCEと協力関係を結ぶことにいたしました。

　キャリアコンサルティングに関連するアメリカを中心した国際的な組織としては、IAEVG（進路・職業指導の国際的協会）やNCDA（アメリカのキャリア開発に関する学会）、NBCC（世界最大の民間のカウンセラー資格発行団体）等があります。キャリアカウンセリング協会（CCA）では、そうした複数の団体とも情報交換を行った結果、上記のように**GCDF-Japanという資格**を立ち上げたのです。

　GCDFは、Global Career Development Facilitatorの略で、日本を含む世界10か国以上で採用されている資格です。現在では、大臣認定のキャリアコンサルタント養成講習を兼ねる形で、「GCDF-Japanキャリアカウンセラートレーニングプログラム」が実施されています。

　GCDF-Japanの資格取得者が中心となったネットワークがありますが、これから同資格を目指そうという人や関心のある人も広く会員になれる組織として、**キャリアカウンセリング協会の会員（CCA会員）**というネットワークも組織しており、その会員になると「GCDF-Japanキャリアカウンセラートレーニングプログラム」などの研修等が割引で受けられる仕組みとなっています。

> 　日本産業カウンセラー協会は、1960年に創立されました。1970年には社団法人として認可され、50年を超える歴史と実績を誇ります。産業カウンセラーの育成をはじめ、企業・団体向けの研修や相談、個人向けの電話相談活動など、その領域は多岐にわたります。

7

キャリアコンサルタントへの最短の道

　日本産業カウンセラー協会は、その名の通り、産業カウンセラーを長年養成して
きた団体です。キャリアコンサルタントが国家資格になる前から、キャリアコン
サルタントの養成講習も行ってきました。キャリアコンサルタントだけが集まっ
ているネットワークではありませんが、産業カウンセラーの方々も多く参加して
いる団体として、同協会としての会員組織も有しています。

　なお、産業カウンセラーは、キャリアコンサルタントととても近い職種です。産
業カウンセラー協会のホームページには、「産業カウンセラー協会の3つの活動
領域」として、「**メンタルヘルス対策への支援**」「キャリア形成への支援」「職場に
おける人間関係開発・職場環境改善への支援」が挙げられています。これらは、そ
のままキャリアコンサルタントにもあてはまるようにも見えます。

　同協会ではキャリアコンサルタント養成講習も行っているので、その内容も含
み込んだ上で、協会としての活動領域をこのように定めているのでしょう。産業
カウンセラーという職種と、キャリアコンサルタントという職種の明確な違いに
ついては、とくに記載がないようです。

　産業カウンセラーは、歴史的に職場内におけるメンタルヘルス対策等に取り組ん
できたという経緯があるので、カウンセリングスキルをベースとして、とくに職場内
スタッフの精神面での支援に重きを置いた職種であるというイメージを私は持って
います。

Q キャリアコンサルタントとなってからも研鑽が必要だと聞
きましたが、どのようなことをしたらいいのですか？

　前項で述べたキャリアコンサルタントのネットワークは、だいたいどこでも会
員向けの研修やイベントを定期的に開催しています。国家資格者になったからと
いって、そこでキャリアコンサルティングの学びは終了したということではあり
ませんので、ぜひ学び続けていただきたいと思います。

　学科試験でも、以下のような設問が出題されています。

　自己研鑽とは、キャリアコンサルタントが持つ知識や知性・感性は時代とそぐわ
なくなる危険性があることを謙虚に理解し、キャリアコンサルティングに必要な知
識やスキルの向上を不断に図ることである。

（学科試験　第20回にて類似問題が出題される）

> キャリアコンサルタントは、相談者個人の人生に関わる支援を行っていることを
> 深く自覚し、その責任の重要さに鑑みて、絶えざる自己研鑽を積み活動する。
>
> （学科試験　第9回にて類似問題が出題される）

上記2つの文章は、ともに正しい記述となります。また、次のような文章が学科
試験の中で出題されたことがあります（以下の引用も正しい文＝記述です）。

> キャリアコンサルタントは、キャリアコンサルティングに関する知識・技能を深
> めるために、上位者からの指導を受けるなど、常に資質向上に向けて絶えざる自己研
> 鑽に努めなければならない。
>
> （学科試験　第5回にて類似問題が出題される）

最後の設問文にある「上位者からの指導を受ける」という文言は重要です。自分
が行ったキャリアコンサルティングの内容について、上位者から指導を受けるこ
とを、一般に**スーパービジョン**といいます。

更新講習のところで少し述べましたが、国家資格を取得してから5年以内に受
ける更新講習では、技能講習30時間分のうち10時間分は、**1級キャリアコンサル
ティング技能士によるスーパービジョン**に変えることができます。

7

キャリアコンサルタントへの最短の道

　私たちキャリアコンサルタントは、自身が行った一対一のキャリアコンサルティング（面談）を振り返って、より質の高いものにしていくという研鑽を積む必要があります。キャリアコンサルタントである限り、これが一生涯必要であると言われているのです。

　ここでいう「質の高い」とは、いかに相談に来られた方（クライエント）の方に幸せになって頂けるかということだと思っています。

　また、一対一だけではなく、**一対多のキャリアコンサルティング**や、**グループワーク等のファシリテート**といった活動についても、より経験を積んでいる上位者から指導を受けるという自己研鑽は必要です。スーパービジョンは、たとえ上位者と言われる1級キャリアコンサルティング技能士になったとしても必要とされます。

　1級技能士は、国家資格キャリアコンサルタントが実際に行った面談の記録等を見ながら、そのキャリアコンサルタントと一緒により良い面談の在り方を探索したり、そのキャリアコンサルタントの**成長につながる働きかけ**をスーパービジョンとして行います。

　このような立場にある1級技能士であっても、一生涯にわたって自己研鑽を積んでいくことが求められるのです。1級技能士は、さらに上位者を探してスーパービジョンをしてもらうことが大事です。自身が行ったスーパービジョンという面談自体を俎上にのせて、さらに上位者の方からスーパービジョンをしてもらうといったこともあるのです。

Q キャリアコンサルタント資格を10倍楽しむ法を教えてください。

　前項でもお話ししたように、キャリアコンサルタントとしての自己研鑽は、キャリアコンサルタントである限り続けなければいけないものです。まさに「キャリアコンサルティングの**学びは一生もの**」だと私は考えているのですが、別にそれを苦行であるとか、義務であるとか思っているわけではありません。とても楽しいと感じています。

　私は理工学部の出身で、とくに心理学などを学校教育で学んできたわけではありません。しかし、キャリアコンサルティングの勉強を進める中で、心理学的なことについての知識が増えて、さらにそれがカウンセリングという実践と結びつい

キャリアコンサルタントへの最短の道

てくると、徐々に興味関心が高まっていきました。

　少し大げさに言えば、「**世の中の見方が変わってきた**」といった感覚も生じました。傾聴について学び、そのスキルを実践訓練の中で身に付けたことで、妻の話を前よりも良く聴けるようになり、二人の関係性も変わってきたという話を本書でも書きました。周囲との人間関係も、以前よりも格段に改善したと思っています。その点については、キャリアコンサルティングにとても感謝しています。

　今は、キャリアコンサルタントの学習の中で概要だけ学んだいくつかの理論について、さらに深く知りたいと思うようになり、書籍などで独学したり、時間の許す限り**研修**や**セミナー**にも参加するようにしています。

　例えば、**エリク・エリクソンの心理社会的な発達理論**[1]は、深く学びたいと思った理論の一つです。人生の8つの発達段階の中で、今自分は「成人期」にあるのだろうけれども、そこで発達課題とされた「**世代性**」（後進に何かを伝えていくこと）については、もっと深めて学習してみたいと思いました。私自身のこれからの生き方に大きなヒントを与えてくれるものに思えたからです。

　エリクソンが言う「次世代を育成していく」という課題をどう解釈し、自身の価値観や生活に取り入れていけるか。また、「世代性」という発達課題をクリアすると得られるといわれる「**世話(care)**」という徳とは、いったい何のことを意味しているのか。そうしたことを自身に引き寄せて考えてみたいと思ったのです。

　また、個々のカウンセリング技法についてももっと深く知りたいし、マスターしたいと思いました。例えば家族療法でよく用いられる「**解決志向アプローチ**」（ブリーフセラピー）[2]については、実践セミナーにも何度か通っています。

　これからのキャリアコンサルタントの仕事の幅を広げるという観点からは、**グループアプローチの技法**に大変興味をもっています。キャリアコンサルタントが一対一のカウンセリングをベースにして、次の段階として「**組織を良くしていく**」という観点に、今以上に目を向けたとき、日本の組織（企業など）は大きく変わっていくのではないでしょうか。

　キャリアコンサルタントの学びにとても関連する領域に**コーチング**という分野がありますが、組織に対してコーチングをするというジャンルもあります。学問分野でいうと**組織開発 (OD)** と呼ばれる分野の話になってくるのですが、組織がよくなることで、そこで働く従業員の抱える課題や問題も解決につながってくる。そう発想して、キャリアコンサルタントの資格を取得された方を対象として、オーガニゼーション・ディベロップメント（OD）と呼ばれる分野を一緒に学ぶ研究会を立ち上げたり、その分野の基礎を教える基礎セミナーを始めたりしました。

7

キャリアコンサルタントへの最短の道

　キャリアコンサルティングの学びの中から、様々な関心が湧き上がってきて、その分野をさらに深めてみたい、勉強してみたいと思えることがどんどん出てきている状態です。

　「キャリアコンサルティングの学びは一生もので、**一生飽きることがない**」。そんな感想をもっているこの頃です。

　ぜひ、皆さんも、このキャリアコンサルティングという分野に踏み出してみませんか。新たな自分を発見できたり、自身の明るい未来が見えてきたり、また自分の**天職**と言えるものの感触がつかめるようになったり……。そんな**ワクワクとした体験**が待っていると思います。

　あなたの人生を、キャリアコンサルタントの国家資格にチャレンジすることで、ぜひ大きく開いていってください。キャリアコンサルタント資格は、あなたの人生を10倍豊かにし、またあなたを10倍楽しませてくれるようになるはずです。

＊1　エリク・エリクソンの心理社会的な発達理論：人生を8つの発達段階に分け、それぞれの段階におけるテーマ（発達課題）等を示したもの。例えば、5つ目の「青年期」においては、「アイデンティティの確立」が発達課題とされ、もしもそれがかなわないと「混乱」という心理的危機に陥り、クリアすれば「忠誠」という“徳”が得られるとされる。7つ目の「成人期」の発達課題は「世代性」で、心理的危機は「停滞」、クリアした際の“徳”は「世話（care）」とされる。

＊2　解決志向アプローチ：「問題」に目を向けて、その原因を探ったりするのではなく、解決に役立つリソース（資源）に焦点を当てて、それを有効に活用しようとする、家族療法などでよく用いられるやり方。短期間での解決が目指されているので、ブリーフ（短い）セラピー（療法）と言われることもある。

一生飽きることなく、ワクワク感を持って成長していけます。それは、生涯現役で、健康寿命も長く、また生き生きと働き続けられるということです。

7

キャリアコンサルタントへの最短の道

▼ 図表52：国家資格キャリアコンサルタントの合格率と合格者数

	学科		実技（論述、面接）		学科・実技同時受験者の最終合格	
	CC協議会	JCDA	CC協議会	JCDA	CC協議会	JCDA
第1回	74.2% (763人)	81.0% (945人)	51.5% (709人)	71.6% (716人)	37.2% (271人)	59.1% (389人)
第2回	74.8% (934人)	77.2% (511人)	59.4% (932人)	74.3% (597人)	50.7% (525人)	67.2% (295人)
第3回	63.3% (925人)	66.1% (496人)	61.9% (1,022人)	65.7% (564人)	48.6% (571人)	50.6% (296人)
第4回	19.7% (235人)	23.5% (217人)	63.7% (827人)	75.4% (782人)	17.1% (142人)	24.5% (181人)
第5回	51.4% (867人)	48.5% (513人)	65.7% (842人)	72.1% (557人)	43.3% (449人)	42.9% (261人)
第6回	61.5% (1,105人)	64.2% (917人)	66.4% (955人)	76.0% (890人)	50.9% (584人)	56.7% (562人)
第7回	54.8% (886人)	53.6% (575人)	74.6% (1,024人)	70.0% (636人)	52.4% (561人)	49.3% (336人)
第8回	59.9% (831人)	66.5% (992人)	71.9% (779人)	67.5% (909人)	53.6% (472人)	54.9% (637人)
第9回	32.1% (439人)	28.8% (392人)	67.9% (745人)	67.8% (879人)	34.6% (309人)	26.2% (265人)
第10回	62.9% (1,161人)	65.4% (1,464人)	65.7% (865人)	73.3% (1,320人)	53.3% (603人)	55.9% (889人)
第11回	62.7% (1,203人)	62.5% (1,185人)	74.1% (1,213人)	75.3% (1,235人)	58.3% (818人)	56.4% (761人)
第12回	75.5% (1,406人)	75.5% (1,421人)	68.7% (1,108人)	62.4% (1,034人)	60.3% (802人)	56.7% (751人)
第13回	70.4% (1,296人)	71.7% (1,509人)	65.4% (1,191人)	58.0% (1,298人)	58.1% (866人)	50.6% (906人)
第14回	69.1% (1,194人)	65.1% (1,043人)	65.3% (1,182人)	66.6% (1,225人)	55.8% (827人)	54.8% (706人)
第15回	74.7% (2,390人)	75.3% (2,136人)	64.3% (2,013人)	61.7% (1,786人)	57.0% (1,548人)	53.5% (1,301人)
第16回	63.9% (1,197人)	65.3% (1,481人)	63.6% (1,325人)	59.4% (1,548人)	52.2% (763人)	48.4% (907人)
第17回	58.0% (976人)	55.9% (1,160人)	59.4% (1,004人)	57.0% (1,299人)	46.5% (605人)	40.7% (655人)
第18回	79.0% (1,563人)	82.6% (2,208人)	57.0% (1,073人)	68.0% (1,851人)	54.6% (820人)	64.0% (1,367人)
第19回	60.8% (1,593人)	63.0% (1,044人)	59.7% (1,778人)	63.3% (1,200人)	46.1% (1,051人)	52.5% (794人)
第20回	78.2% (1,892人)	77.4% (1,223人)	57.5% (1,453人)	64.4% (1,030人)	51.0% (950人)	60.7% (736人)
第21回	63.0% (2,613人)	59.7% (1,545人)	54.9% (3,092人)	62.9% (1,664人)	43.9% (2,230人)	52.2% (1,259人)
第22回	82.2% (2,592人)	82.3% (1,351人)	65.3% (2,256人)	63.0% (1,039人)	59.3% (1,551人)	59.3% (787人)
第23回	85.0% (2,076人)	81.2% (1,112人)	63.3% (1,873人)	62.5% (982人)	61.2% (1,285人)	59.8% (670人)
第24回	53.0% (1,525人)	51.6% (719人)	65.8% (2,270人)	64.5% (1,043人)	45.2% (1,150人)	45.8% (554人)

7

キャリアコンサルタントへの最短の道

＊国家資格キャリアコンサルタントの試験は、2つの団体が実施しています。「キャリアコンサルティング協議会」（CC協議会）と「日本キャリア開発協会」（JCDA）です。合格率は、各団体からそれぞれ発表されています。

● 著者紹介

柴田 郁夫（しばた いくお）

国家検定1級および2級キャリアコンサルティング技能士／国家資格キャリアコンサルタント
一般社団法人地域連携プラットフォーム代表理事（共同代表）
株式会社志木サテライトオフィス・ビジネスセンター代表取締役社長

早稲田大学大学院理工学研究科修士課程修了。青森大学経営学部助教授、准教授、客員教授、日本テレワーク学会会長などを歴任。株式会社では公的職業訓練（ハロートレーニング）を実施。キャリアコンサルティング歴は20年超に及ぶ。
一般社団法人地域連携プラットフォームでは、平成30年度から厚生労働大臣認定の「キャリアコンサルタント養成講習」および「更新講習」（技能講習、知識講習）を実施。国家資格や国家検定の受験対策講座も開催。一方、キャリアコンサルタントや人事・総務スタッフ、経営コンサルタント等に向けて「組織キャリア開発士」資格を設け、OD（組織開発）分野にも精通した実践家（プロセス・コンサルタント、組織キャリア開発ファシリテーター）の養成を行う。
組織キャリア開発士が集まった「組織キャリア開発フォーラム」では、地域の中小企業や団体の活性化支援活動を実施。また地元自治体と協働した「創業スクール」を継続開催し、独立・開業を目指す人材の開発にも力を入れている。

[著作]
『国家資格キャリアコンサルタント 学科試験 要点テキスト＆一問一答問題集』（秀和システム）
『国家資格キャリアコンサルタント 実技試験（面接・論述）実践テキスト』（秀和システム、共著）
『SOHOでまちを元気にする方法～自治体との協働ガイド』（ぎょうせい）
『活生のまちをつくる～自由時間都市における人と地域』（ぎょうせい、共著）
『キャリア・ダイナミックスⅡ』（亀田ブックサービス、エドガー・シャインらとの共著）
『PI（パーソナルアイデンティティ）を理解すれば時代の面白さが見えてくる』（PHP出版、共著）
『PIの行動コンセプト90～君がキラキラ光る"こだわり"講座』（中経出版、共著）
『テレワークの先駆者が教える～やる気UPのテレワーク術』（Kindle版）　　他

[訳書]
『NTLハンドブック～組織開発（OD）と変革』（Next Publishing Authors Press、組織キャリア開発フォーラムとの共訳、監訳者）
『フォーミング　ストーミング　ノーミング　パーフォーミング～タックマンのチームビルディングモデルの4段階』（プロセス・コンサルテーション、共訳）

● 執筆協力
齋藤 由紀子（さいとう ゆきこ）
国家資格キャリアコンサルタント

●マンガ・イラスト
川谷圭太郎／川谷有衣子

国家資格キャリアコンサルタントに
なるには!?　［第2版］

発行日	2024年　6月20日	第1版第1刷

著　者　　柴田　郁夫

発行者　　斉藤　和邦

発行所　　株式会社　秀和システム

〒135-0016

東京都江東区東陽2-4-2　新宮ビル2F

Tel 03-6264-3105（販売）　　Fax 03-6264-3094

印刷所　三松堂印刷株式会社　　　　Printed in Japan

ISBN978-4-7980-7241-8 C3034